Akrobatisches Theater

Geza Melczer-Lukacs / Hans Jürgen Zwiefka

Akrobatisches Theater

edition aragon

Wir danken für die Mitwirkung
Donka Müller (Fotoaufnahmen)
Deutsches Tanzarchiv Köln
Miklós Köllö/Budapest (Fotomaterial)
Rhein-Sieg-VHS
Uni–Ballettstudio Bonn (Räumlichkeiten für Fotoaufnahmen)
Günter Möller (Aufsatz Kapitel 9)
Elke Wennmann (Titelzeichnungen)
Tina Hölker
Meike Thies
Lydia Wegener
Herbert Gangl
Günter Möller
Guido Rochner
Hans Günter Rudas
Frank Schwere
Sathit Trai-Ukos

edition aragon
homberger straße 30
4130 moers 1
Tel.: 0 28 41 - 2 59 76

Lektorat: Willi Klauke
Satz: Cicero, Atelier für Werbe– und Textgestaltung
Druck: Plambeck und Co, Neuß
ISBN: 3-924690-42-1

Inhaltsverzeichnis

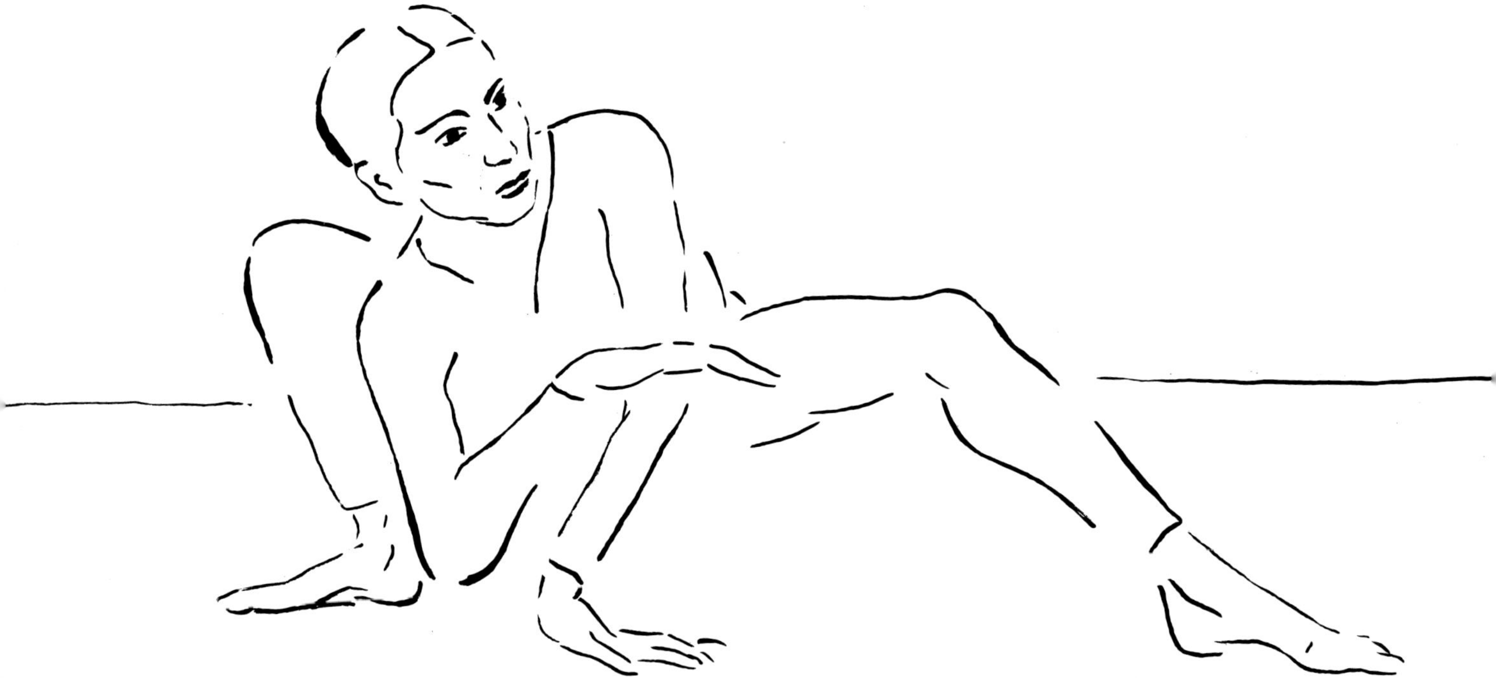

Vorwort

Von der Wortbedeutung her ist Akrobatik zunächst einmal die „Turnkunst" (ohne Geräte). Ausgehend von Körperhaltung und Bewegungsabläufen werden in speziellem Training Eigenschaften wie Geschick, Schnelligkeit, Reaktionsvermögen und Gleichgewicht geschult. Dadurch werden die Akteure in die Lage versetzt, eine „schauspielerische Körperlichkeit" zu entwickeln. Aus diesem Grund ist die akrobatische Ausbildung auch für Schauspielschüler unentbehrlich.

Akrobatik stellt für die meisten Menschen eine Demonstration körperlicher Höchstleistung dar, die speziellen Muskelbau sowie extreme Gelenkigkeit erfordert und erst nach jahrelanger anstrengender Trainingsarbeit zu erbringen sind. Oft sind auch Abneigungen oder Ängste vom schulischen Sportunterricht her die Ursache für den Aufbau von Schranken gegen Akrobatik. Eine ganz wichtige Aufgabe diese Buches ist die Vermittlung der Tatsache, daß nach dem Abbau der Anfangsbarrieren schon in relativ kurzer Zeit beachtliche Fortschritte gemacht werden können – und es Spaß macht.

Für dieses Buch gibt es noch einen weiteren wichtigen Aspekt. Wir sehen einen Unterschied zwischen der Zirkusakrobatik und der Bühnenakrobatik. Während im ersten Bereich der Aspekt der Form (gerade Haltung, körperliche Perfektion....) im Mittelpunkt steht, also optischer Genuß durch Perfektion der Beherrschung, dient in der Bühnenakrobatik die Form dem Inhalt, ist also niemals Selbstzweck. Wenn zum Beispiel in einer Commedia dell'arte – Szene der Arlecchino über eine Kiste stolpernd den Handstandüberschlag demonstriert, beinhaltet die scheinbare Ungeschicklichkeit und Tölpelhaftigkeit seiner Bewegungen ein wesentliches Komikelement. Die Technik dient dem Inhalt der Szene, auch der Charakterisierung der Figur des Arlecchinos.

Daß trotz der wesentlichen Bedeutung akrobatischer Techniken für die Schauspielpädagogik kaum Literatur zu diesem Thema auffindbar ist, hat uns den Impuls gegeben, in die Lücke vorzudringen. Mit dem vorliegenden Buch möchten wir Schauspielern, Theaterpädagogen, Pantomimen, Tänzern u. Sportlehrern ein brauchbares Werkzeug in die Hand geben, ihre Arbeit durch Elemente aus dem akrobatischen Bereich zu ergänzen.

2. Akrobatik, einst und jetzt – ein historischer Streifzug

Die Geschichte der Bühnenakrobatik kann nicht isoliert von der Geschichte des Theaters betrachtet werden, vielmehr sind Akrobatik, Tanz, Pantomime und Sprechtheater durch alle Epochen hindurch in unterschiedlicher Weise miteinander verzahnt. Allerdings kann man versuchen zu verfolgen, wie ausgeprägt jeweils der akrobatische Anteil am gesamten Bühnengeschehen ist. Dabei kann diese Darstellung keinen vollständigen Überblick über die Bühnenakrobatik geben, sondern beschränkt sich darauf, Kernpunkte und Wandlungen des akrobatischen Geschehens herauszustellen.

Die Quelle jeder Kunst überhaupt ist der Einsatz aller menschlichen Ausdrucksmittel (Maske, Tanz, Musik, Bewegung, Stimme) zu rituellen Zwecken, wie dies z.B. bei Jagdritualen – Tierdarstellungen mit den menschlichen Bewegungsmöglichkeiten führen fast zwangsläufig zu Formen der Akrobatik –, Gottesbeschwörungen und kultischen Tanzpantomimen der Fall war. Auch heute noch ist dies in den kultischen Riten der Naturvölker erhalten.

Ein deutliches Zeugnis dieser Vereinigung aller Ausdrucksmittel zu einem Gesamtkunstwerk liefern

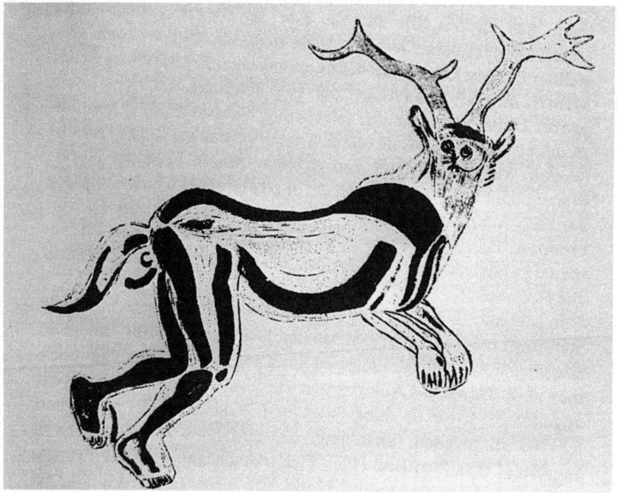

Zauberer (Prähistorische Tierdarstellung)
Höhle Trois-Frères, Südfrankreich

traditionelle Bühnenformen wie die Pekingoper. Neben Musik, Gesang und mimischer Darstellung spielt die Akrobatik eine herausragende Rolle. Daher ist die Pekingoper als eine der wichtigsten asiatischen Theaterformen mit bedeutendem akrobatischen Anteil zu nennen, die seit Jahrhunderten nahezu unverändert überliefert wird. Die Religionen Asiens haben die uralten kultischen Theaterformen konserviert, während man dagegen im Abendland eine bewegte Geschichte, reich an Veränderungen und Brüchen, vorfindet.

Das ursprüngliche Element des Theaters ist das körperlich-optische, nicht die sprachlich-psychologisierende Ebene. Das Wort „Akrobatik" entstammt der griechischen Sprache und bedeutet soviel wie „auf den Zehen gehend". Der Begriff „Akrobatik" taucht jedoch erstmals während des 18. Jahrhunderts in Frankreich auf und war die Bezeichnung für den Seiltänzer im Jahrmarktstheater. Da Theater und somit auch Akrobatik als Kunst des Augenblicks in direktem Kontakt zwischen Darsteller und Publikum stattfinden, stehen von der fünftausend Jahre alten Geschichte des morgenländischen Theaters nur wenige Zeugnisse zur Verfügung; es handelt sich dabei um Schriften und vor allem um Abbildungen. Diese zahlreichen Abbildungen zeigen auch, daß sich akrobatische Darstellungen zu allen Zeiten einer großen Beliebtheit erfreuten.

Dabei läßt sich in allen Epochen eine Zweiteilung zwischen der intellektuellen (apollinischen) und der unterhaltenden (dionysischen) Kunst beobachten, wobei in der ersteren die theoretischen, psychologisierenden Elemente Vorrang haben im Gegensatz zu den „Show-Elementen" der zweiten Gattung, die in erster Linie für das breite Volk dargeboten werden. Im klassischen griechischen Theater fand keine „Aktion" statt, es handelte sich um Sprechtheater. Dafür fanden bei den Erntedankfesten zu Ehren des Gottes Dionysos tagelange ekstatische Tänze mit Musik statt.

Klassisches griechisches Theater	Erntedankfeste für das einfache Volk
Comédie Française	Jahrmarktstheater

Ägyptische Tänzerin (XVIII. Dynastie)

Der Ursprung der europäischen Komödie wie auch des Mimenspiels liegt in der römischen Kaiserzeit, in den Phylakenspielen, in denen die griechisch-römischen Mythologien humorvoll-parodistisch dargestellt wurden. „Die ausgeprägteste Anwendung aber findet die pantomimische Kunst in Sizilien. Die Phylakenspiele, die um 300 v. Chr. in Syrakus ihre Blüte erleben, bedienen sich zumeist des stummen Spiels, das mit Hilfe grotesker Masken und auf gewagten realistischen Szenarien beruhend, in überschäumender Lust am Komischen alles parodiert: die alten Göttermythen, die ernsten Tragödienstoffe und die lieben Zeitgenossen!" (Simon, Pantomime, S. 23) Der Schwerpunkt lag auf der Handlung und der Bühnenbewegung, da die Geschichten dem Publikum bekannt waren. Ähnliche Typisierungen und Handlungen wie in den Phylakenspielen tauchen später in der Commedia dell'arte wieder auf.

„Mit Pylades und Batyllus (etwa 22 v. Chr.) betritt der Einzeldarsteller die Bühne oder Arena. Wie später Marceau stellt er alle Figuren einer (meist mythischen) Handlung dar, das Gesicht ist dabei von einer Maske bedeckt, die nur die Augen freiläßt. Die ganze Beredsamkeit liegt also im Körper, sie muß unvorstellbar ausdrucksmächtig gewesen sein ...." (Simon, Pantomime, S. 24)

Es folgen „tausend Jahre Dunkelheit" bezüglich der Bühnenkunst in Europa, eine Zeitspanne, über die man nur wenig weiß. „...die Jongleure und Gaukler machen zwar weiter ihre Späße auf den großen Märkten, aber sie stehen auf der untersten Sprosse der sozialen Stufenleiter. So wissen wir denn auch von dieser ganzen dunklen Zeit der Theatergeschichte recht wenig – nur hie und da ein offizielles Dekret, das den allzu engen Umgang mit diesen lasterhaften Personen verbietet.... Man verbannt sie also vor die Tore der Städte. Natürlich haben die Schreiber der Chroniken auch von solchen minderwertigen Leuten nichts zu berichten." (Simon, Pantomime, S. 24) An den Rand der Gesellschaft gedrängt, von Staat und Kirche verachtet, existieren die akrobatischen Ausdrucksformen nur noch in Form von Jokulatoren, Komödianten, Gauklern, Jongleuren und Seiltänzern weiter.

Aber gerade diesen Gauklern und Komödianten können wir dafür dankbar sein, daß die alte Tradition der griechischen Komödie zur Zeit der Renaissance wieder auflebte. Das markanteste Beispiel dieser komödiantischen Wiedergeburt ist die italienische Commedia dell'arte, über die reichlich Literatur vorhanden ist (16. Jahrhundert). Die Commedie dell'arte-Darsteller waren Berufsschauspieler, die nach festgelegtem Handlungs- und Szenenablauf Stegreifkomödien mit improvisierten Dialogen aufführten, wobei turbulente Bewegungs- und Akrobatikaktionen im Mittelpunkt standen. Wichtigste Ausdrucksform war die Situationskomik, meist mit schnellen – akrobatisch gekonnten – Verfolgungs- und Prügelszenen. Diese Szenen wurden meist von den Zanni dargeboten (Dienerfiguren), ganz gleich ob sie Arlecchino, Brighella, Pierrot, Pulcinella oder wie auch immer hießen. Ihre Aufgabe bestand darin, in den Lazzi die Aufmerksamkeit des Publikums mit stummem Spiel aufrechtzuerhalten, wenn Szenenwechsel erfolgten.

Das französische Pendant zur italienischen C.d.a. ist das französische Jahrmarktstheater, das schon allein wegen des Monopols der Comédie Francaise zur Aufführung von Sprechstücken auf andere (nonverbale) Darbietungsformen ausweichen mußte, auf diesem Gebiet sehr erfinderisch wurde und dadurch eine ungeheure Anziehungskraft auf die Menschenmassen ausübte. Der wohl berühmteste Vertreter dieser Epoche (Anfang 19. Jahrhundert) ist Jean-Gaspard Deburau, der Darsteller des Pierrot. „Sein Körper muß der unnatürlichsten Bewegungen fähig gewesen sein, was er vor allem dem akrobatischen Training verdankte. (Eine Vorstellung davon können uns heute noch die chinesischen Pantomimen geben, während dem europäischen Schauspieler die Akrobatik ja völlig verlorengegangen ist...)" (Simon, Pantomime, S. 33).

Etwa in den gleichen Zeitraum fällt auch ein weiteres bedeutendes Ereignis: Ein Reittheater von Philippe Astley mit dem wahrscheinlich ersten Zirkusclown Billy Saunders leitet 1774 die Geschichte des

Akrobaten und Seiltänzer

18. Jahrhundert

Zirkus ein und damit die Geschichte der Verdrängung von Akrobatik und akrobatischen Clownerien in den Bereich der formalästhetischen optischen Darstellung: Akrobatik als Selbstzweck. Die Aufspaltung des Bühnengeschehens in die beiden Richtungen „Theater" und „Zirkus/Variete" (wo keine Geschichten erzählt werden), wird weiterhin dadurch begünstigt, daß sich im 19. Jahrhundert das bürgerliche Drama auf den Bühnen etabliert, eine psychologisierende Form des Theaters, die sich

Buster Keaton: Electric House

naturalistischer Darstellung bedient und dynamische Körperaktionen weitgehend ausschließt.

Selbst im Ballett des 19. Jahrhunderts liegt die Betonung eher auf der Körperhaltung und der Grazie der Bewegung als auf Sprüngen und Hebetechniken.

Mit der Entwicklung neuer technischer Möglichkeiten (Film) entsteht ein weiteres Betätigungsfeld für Akrobatik und Bewegungskomik: der Stummfilm.

Der Stummfilm ist der Aktionsfilm schlechthin, hinzu tritt bei diesem Medium die Möglichkeit der Verstärkung von Ausdrucksmitteln der Bewegung durch technische Effekte (Zeitraffer, Großaufnahme, Rückwärtslauf...). Der Slapstickfilm erforderte zur Ausspielung seiner ganzen Möglichkeiten akrobatisch ausgebildete Schauspieler, die meist von den Varietebühnen stammten: Schauspieler, Tänzer, Pantomimen, Akrobaten. Die Filme von und mit Charlie Chaplin, Buster Keaton und besonders Harold Lloyd waren reichlich ausgestattet mit Verfolgungsszenen, Massenschlägereien, Tortenschlachten und inszenierten Beinahe-Unfällen, meist in Großstädten aufgenommen, wo die Ergänzung turbulenter Bewe-

Stuntman (Publicity, Shot 1928)

gungskomik durch moderne technische Erfindungen wie Autos, Maschinen (siehe „Modern Times" von Charlie Chaplin) genügend Ansatzpunkte für weitere Situationskomik beinhaltete. Entsprechend der Aktionslogik des Slapstickfilmes besteht die Vermeidung eines Unfalles zwischen einem Fußgänger und einem heranrasenden Auto nicht darin, vor dem nahenden Gefährt zurückzuweichen, sondern durch einen Salto noch oben auszuweichen. Mit der Filmtechnik entstand auf diese Weise ein neuer Beruf: der Stuntman.

Als Gegenreaktion auf das bürgerliche Drama entstehen seit Beginn dieses Jahrhunderts Strömungen, deren Bemühen die Suche nach den eigentlichen Wurzeln des Theaters ist: Ritus, Aktion, optischer Ausdruck, Illusion. In diesem Zusammenhang ist die Theater- und Tanzavantgarde zu nennen. „Der eigentliche Bereich des Theaters ist nicht psychologisch, sondern plastisch, körperlich. Und es geht nicht um die Frage, ob die körperliche Sprache des Theaters imstande ist, dieselben psychologischen Lösungen zu erreichen wie die Sprache der Wörter, ob sie Gefühle und Leidenschaften ebenso gut auszudrücken vermag wie die Wörter, sondern ob es nicht im Bereich des Denkens, des Verstandes Haltungen gibt, die einzunehmen die Wörter nicht imstande sind und die die Gebärden und alles, was an der Sprache im Raum teilhat, mit größerer Treffsicherheit erreichen als sie." (Antonin Artaud 1935)

Meyerhold: Biophysische Übung im Schauspieltraining (ca. 1920)

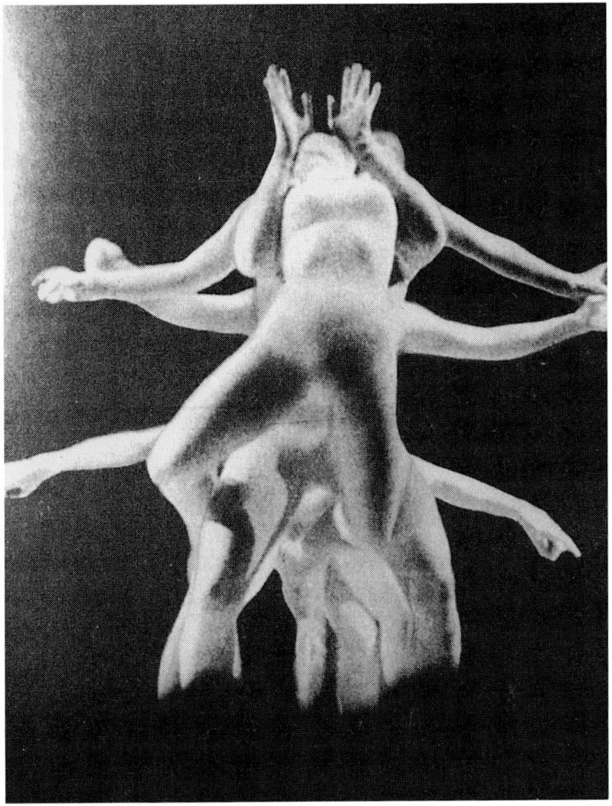

Les Arbres (Photo Don Wilder)

Seit dieser Zeit existiert eine Reihe von Stilen und Ausdrucksformen nebeneinander, es kann heute nicht mehr von einer einheitlichen Stilrichtung gesprochen werden. Um nur wenige Theatermacher zu nennen, in deren Inszenierungen der Akrobatik ein hoher Stellenwert zukommt, seien aus dem Bereich des Sprechtheaters Giorgio Strehler und Peter Brook genannt, aus dem Tanzbereich Maurice Bejart und Pina Bausch, weiterhin das Pantomimentheater Tomaszewski. In den sechziger Jahren entstehen die sogenannten Happenings (politische Straßentheateraktionen), z.B. vom Living Theatre oder Bread and Puppet Theatre.

„Akrobatische und artistische Bewegungsweisen des Schauspielers können dazu beitragen, bestimmte Gedanken, Emotionen und vor allem auch ästhetische Empfindungen beim Zuschauer auszulösen. Die Ausbildung trägt dazu bei, Mut zu schauspielerischer Körperlichkeit zu entwickeln, Expressivität zu trainieren und Sicherheit im Bewegungsverhalten unter komplizierten szenischen Bedingungen zu erlangen." (Horst Beeck in: Ebert/Penka: Schauspielen, S. 234) Dieses Zitat verdeutlicht anschaulich, daß die akrobatische Ausbildung ihre Berechtigung hat als wesentlicher Bestandteil der Schauspielausbildung auf dem Weg zu dem, was Jean-Louis Barrault als „acteur total", als „empfindungsfähigen Athleten" bezeichnet.

3. Akrobatik – Grundlagen und Voraussetzungen

Akrobatik besteht aus zwei Bereichen: Bodenakrobatik und Luftakrobatik. Mit Luftakrobatik beschäftigen wir uns im Rahmen dieses Buches nicht, weil sie bestimmte Requisiten (Trapez etc.) voraussetzt, die nur im Zirkus oder an sehr gut ausgerüsteten Bühnen vorhanden sind und freien Theatergruppen in der Regel nicht zur Verfügung stehen.

Voraussetzungen – auch wenn sie z.T. selbstverständlich erscheinen – für akrobatisches Training sind:

- ein geeigneter Raum, der genügend Platz bietet, auch für schwungvolle Bewegungsabläufe. Am günstigsten ist ein leerer Raum, z.B. ein Tanzraum. Im Aktionsbereich dürfen sich keine Ecken und Kanten befinden.
- eine geeignete Bodenbeschaffenheit. Besonders geeignet sind Holz(schwing-) oder PVC-Böden. In jedem Fall muß der Boden eben und ohne Löcher oder lockere Leisten sein. Er sollte auch nicht aus kaltem Material (Beton oder Stein) bestehen.
- das Vorhandensein von Matten, deren Benutzung für Anfänger strenge Voraussetzung ist und die weder zu hart noch zu weich sein dürfen. Turnmatten eignen sich gut für diesen Zweck, als Behelf auch Schaumgummimatten (ca. 10 cm dick).
- die Durchführung der Übungen barfuß oder in Gymnastikschuhen.
- der Einsatz von Hilfestellungen, der bei vielen Übungen nötig ist. Die Zirkuslongue stellt das ideale Hilfsmittel dar, ist in der Regel jedoch kaum vorhanden. Man kann sich mit einem Sweatshirt aus festem Stoff oder einem Deckenstreifen behelfen, der um die Taille geknotet wird, wobei zu beiden Seiten der ausführenden Person jeweils eine Person Hilfestellung leistet. Die Anwesenheit von zwei Hilfspersonen ist bei akrobatischen Übungen dringend anzuraten.
- das Vorschalten eines Muskelaufbautrainings, falls notwendig, da der überwiegende Teil der akrobatischen Übungen ein bestimmtes Maß an Muskelbau und Gelenkigkeit erfordert.
- ausgiebige Aufwärmübungen zu Beginn des akrobatischen Trainings (Vorschläge für Aufwärmgymnastik siehe Kap. 8.2 und Zwiefka, Pantomime S. 13 bis 24)
- die Einbeziehung von Sprungübungen, wodurch Sicherheit in der Bodenlandung erworben wird, die stets eine weiche Landung auf Ballen und Zehen sein soll und durch sanftes Abknicken in den Kniegelenken gefedert wird.

Die in den Kapiteln 4 und 6 beschriebenen Übungen stellen eine Übersicht über das akrobatische Bewegungsrepertoire dar. Ihre Reihenfolge im Trainingsaufbau wird z.T. eine andere sein, denn dieser muß sich nach verschiedenen Kriterien richten:

- Vertraut machen mit akrobatischen Bewegungsformen als Einstieg
- allmähliche Steigerung des Schwierigkeitsgrades
- Vorschalten von Übungen, die Voraussetzung für Nachfolgeübungen sind (z.B. Kopfstand vor Kopfstandüberschlag)

Die Übungen sind eingeteilt in die zwei Bereiche „statische Akrobatik" (Kap. 4) und „dynamische Akrobatik" (Kap. 6) und haben die technische Ausführung zum Thema, während die Kapitel 5 und 7 den Bühneneinsatz, den geeigneten Themen und Spielstücken gewidmet sind.

Zunächst soll noch die Einteilung in „Statik" und „Dynamik" erläutert werden:
Unter statischer Akrobatik ist der gezielte Einsatz von Techniken und Körperkräften zu verstehen, deren Anwendung nötig ist, um bestehende (hier besonders: extreme, nicht alltägliche) Positionen zu erhalten. Je sicherer ein Gleichgewichtszustand beherrscht wird, desto weniger Muskelkraft muß aufgewendet werden, um das Gleichgewicht zu erhalten. Wenn dagegen das Gleichgewicht labil ist, muß durch permanenten Krafteinsatz die Gleichgewichtsstellung neu ausbalanciert werden.

Der Begriff dynamische Akrobatik hingegen bezeichnet diejenigen Kräfte und Techniken, mit denen man akrobatische Bewegungsabläufe steuert, meist unter Mitbenutzung des Erdbodens. Wie auch bei der statischen Akrobatik sind die meisten der eingesetzten Bewegungen im alltäglichen Bewegungsrepertoire nicht enthalten.

Die Grenzen zwischen beiden Bereichen sind teilweise fließend, wir haben die jeweilige Übung in diesen Fällen dem Übungsbereich zugeordnet, bei dem wir den Schwerpunkt sehen. Desgleichen gibt es natürlich auch entsprechende Überschneidungen in den Kapiteln 5 und 7, also Themen und Spielstücke, die Elemente aus beiden Gruppen verwenden.

Innerhalb der Kapitel 4 und 6 wird weiterhin unterteilt in „Solotechniken" und „Partnertechniken". Die Partnerübungen stellen erhöhte Anforderungen an Sicherheit und Gleichgewicht und dürfen daher erst dann in Angriff genommen werden, wenn die entsprechenden Solotechniken sicher beherrscht werden. Denn eine etwaige Unsicherheit in der Ausführung von Übungen hat auch Auswirkungen auf das Verhalten des Partners. Andererseits sind Körperberührungen eine wesentliche Hilfe für den Abbau von Hemmungen, welche die Partnerarbeit und die Gruppenintegration betreffen.

Es ist ratsam, schwierige Partnerübungen mit vertrauten Personen durchzuführen. Damit ist sowohl die körperliche Vertrautheit in dem Sinne gemeint, daß man die Gelenkigkeit und die Bewegungen des Partners wie auch sein Körpergewicht einschätzen kann, als auch das persönliche Vertrauen darauf, daß man sich auf die konzentrierte Durchführung, die Reaktionsschnelligkeit und das Verantwortungsbewußtsein des Partners verlassen kann.

Man kann bei Partnerübungen zwischen zwei Kategorien unterscheiden, wobei auch hierbei die Grenzen fließend sind:

Symmetrische Gleichgewichtsstellungen. Beide Partner verlassen den vertikalen Gleichgewichtszustand und begeben sich in eine gemeinsame Gleichgewichtsposition, in welcher der Schwerpunkt des Ganzen so verlagert wird, daß diese Postion nur durch den Körperkontakt beider Partner miteinander beibehalten werden kann. Bei plötzlicher Unterbrechung des Kontaktes würden die Partner zu Boden fallen. Wenn auch Größen- und Gewichtsunterschiede der Partner durch Veränderung der Körperhaltung ausgeglichen werden können, ist es zur Vereinfachung der Übung empfehlenswert, zunächst mit ungefähr gleich großen und gleich schweren Partnern zu beginnen.

Asymmetrische Gleichgewichtsstellungen („Supports"). In diese Kategorie gehören alle Formen des Pyramiden- und Turmbaus. Der Unterschied besteht darin, daß in diesem Fall eine Aufgabenteilung in „Stützender" und „Getragener" existiert. Der Schwerpunkt des Getragenen wird dabei so geschickt vom Partner unterstützt, daß sich auch hier eine Gleichgewichtsstellung ergibt. Die Bezeichnungen „stützen" und „getragen werden" dürfen aber keineswegs den Eindruck erwecken, daß dem letzteren Partner lediglich eine passive Rolle zufällt. Erst durch sicheres Gleichgewicht, gutes Zentrieren, gefühlvolle Gewichtsverlagerung und Vermeidung ruckartiger Bewegungen ermöglicht er dem „Untermann" die Erfüllung seiner Aufgabe. Zweckmäßigerweise teilt man die Partner bei diesen Übungen so ein, daß die schwereren als Träger fungieren.

Bei der Beschreibung der akrobatischen Grundtechniken in den Kapiteln 4 und 6, außerdem in Kap. 8.2 haben wir in schwierigen Fällen, um „Verbalakrobatik" und somit Durchkämpfprobleme für den Leser zu vermeiden, der Illustration durch Photos und Zeichnungen den Vorzug gegeben. Wir hoffen, daß so durch die gemeinsame Darstellung von Text und Bild eine verständliche und eindeutige Beschreibung der Übungsabläufe gewährleistet ist.

4. Statische Akrobatik – Grundtechniken

4.1 Solotechniken

a) stehen auf einem Bein mit langsamer Gewichtsverlagerung, Halten des Gleichgewichtes;
stehen auf den Zehenspitzen beider Füße/eines Fußes;
„Waagestellung".

b) Gesäßbalance in Stellung „Käfer auf dem Rücken"(wie abgebildet). Anschließend Gewichtsverlagerung auf die Schultern mit Hilfe der Ellbogen, die Arme stützen dabei die Taille, die Beine werden senkrecht in die Luft gestreckt (Kerze), dieselbe Stellung in verschiedenen Arm- und Beinhaltungen, wobei jede Stellung einige Sekunden gehalten und dann verändert wird (von freezing zu freezing)

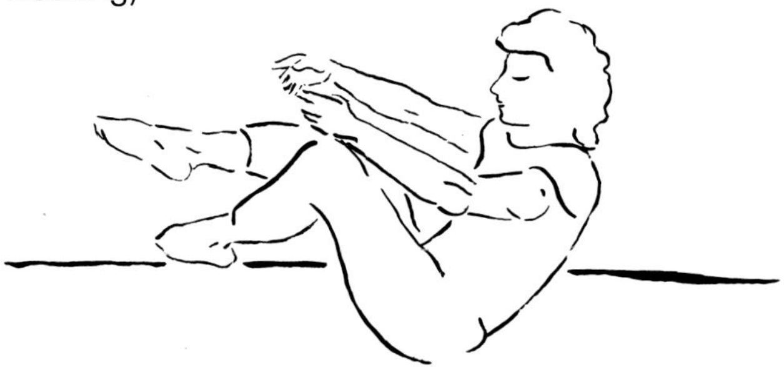

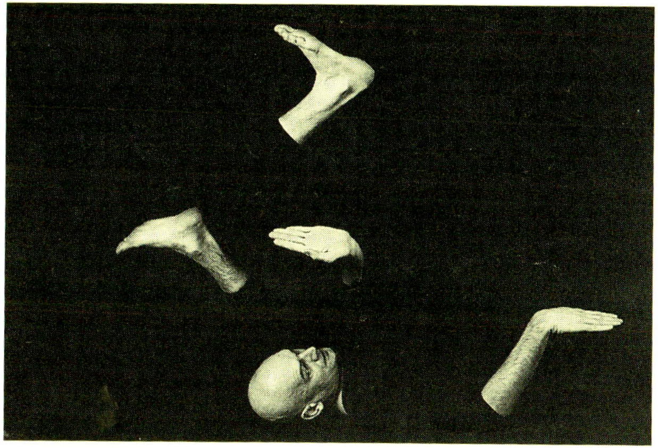

András KecsKés Foto: Stalter

c) Kopfstand. Kopfstand (I): Beim Kopfstand ist darauf zu achten, daß die drei Stellen, an denen Kopf und Hände Bodenkontakt haben, ein gleichseitiges Dreieck bilden (möglicherweise zum Einüben Bodenmarkierungen anbringen). Vorbereitend massiert man in kreisenden Bewegungen mit der Kopfoberfläche die Bodenunterlage, um die Kopfhaut an den Druck zu gewöhnen. Mit wenig Schwung gelangt man in den Kopfstand (bei Überschwung abrollen!).
Kopfstand (II) – Yogakopfstand: Im Gegensatz zum Kopfstand (I) werden hier statt der Handflächen die Unterarme zum Abstützen gebraucht: Die zusammengefalteten Hände bilden ein „Nest" für den Hinterkopf und ergeben zusammen mit den Ellbogen ein gleichseitiges Dreieck.

d) Schulterstand. Auch hier findet man wieder die Dreiecksform: Eine Schulter, eine Handfläche und eine Gesichtsseite haben Bodenkontakt. Dabei ist das Gesicht der auf den Boden gedrückten Handfläche zugewandt. Mögliche Zwischenstation: In der beschriebenen Grundhaltung werden zunächst die Knie auf den Oberarm der Stützhand gebracht.

Unterarmstand

e) Unterarmstand. Dieser ist dem Yogakopfstand ähnlich, jedoch berührt der Kopf hierbei weder die Hände noch den Erdboden. Die Innenseiten der Unterarme einschließlich der Handflächen sind gegen den Boden gepreßt. Das Dreieck wird hier durch die beiden Ellbogen sowie den Berührungspunkt der Fingerspitzen gebildet. Das Gleichgewicht läßt sich beim Unterarmstand nur durch Hohlkreuzbildung gewinnen, die Füße befinden sich dadurch senkrecht oberhalb der Kopfes.

f) Knien auf den Oberarmen. Man geht in die Hockstellung. Beide Handflächen sind etwa in Schulterbreite parallel auf dem Boden. Die Knie liegen oberhalb der Ellbogen an den Außenseiten der Oberarme an. Durch allmähliche Verlagerung des Körpergewichts nach vorn lösen sich die Füße vom Erdboden. Endform ist ein Balancezustand des Körpers auf beiden Handflächen. Das Gleichgewicht wird dabei durch die Bewegungen der Handgelenke korrigiert.
Eine optisch wirkungsvolle Variation dieser Übung besteht darin, beide Knie geschlossen auf einen Oberarm aufzulegen. Dabei müssen die Handflächen zu einer Seite versetzt auf den Boden aufgesetzt werden, durch Gewichtsverlagerung bringt man die Knie auf den Oberarm der anderen Seite.

Handstand

g) Handstand. Der Handstand ist, was die Anforderungen an Kraftaufwand und Gleichgewichtsfähigkeit betrifft, die von den bisher genannten Übungen die anspruchvollste; denn zum einen muß das gesamte Körpergewicht durch die Armmuskulatur getragen werden, zum anderen ist die Stützfläche zwischen Fingerspitzen und Handballen verhältnismäßig klein. Durch die lange Streckung des Körpers gerät man zudem leichter aus dem Gleichgewicht als dies bei kompakteren Körperformen (siehe „Knien auf den Oberarmen") der Fall war. Zweckmäßigerweise bereitet man den Handstand durch Übungen zur Kräftigung der Armmuskulatur vor, also durch Liegestütze, Druck- und Widerstandsübungen und v.a. durch ausreichendes Training der zuvor beschriebenen Übungen.

Zur Durchführung: Die Hände werden etwa schulterbreit aufgesetzt, und zwar nicht zu dicht vor den Füßen. Das Sprungbein ist leicht gehockt, das Schwungbein gestreckt. Aus dieser Stellung versucht man, mit Schwung in den Handstand zu gelangen. Der Kopf wird in den Nacken zurückgelegt, die Arme sind leicht gebeugt.

Am Anfang sollte der Handstand in Dreiergruppen geübt werden, wobei jeweils zwei Personen Hilfestellung leisten, indem sie durch Abfangen des Schwungs einen ungewollten Überschlag des Ausführenden verhindern bei ungenügendem Schwung eine Schwunghilfe leisten und den Ausführenden beim Einknicken der Arme abfangen.

In der ersten Phase ist mehr Wert auf korrektes Aufschwingen in den Handstand als auf langes Stehen im Handstand zu legen.

Mit fortgeschrittenem Lernprozeß kann die Gruppengröße von drei auf zwei reduziert werden, d.h. ein Ausführender und ein Hilfestellender trainieren im Wechsel miteinander. Eine Hilfe für Fortgeschrittene, die den Handstand allein trainieren, ist das Abwenden, d.h. im Moment des Überkippens wird mit einer halben Drehung so angehockt, daß man dicht bei den Händen wieder in den Stand kommt. Auch die Durchführung des Handstandes an der Wand ist als möglicher Zwischenschritt zu nennen.

Im späteren Verlauf wird die Handstandbalance durch immer kleinere Bewegungen der Hände und später nur noch der Handgelenke gehalten.

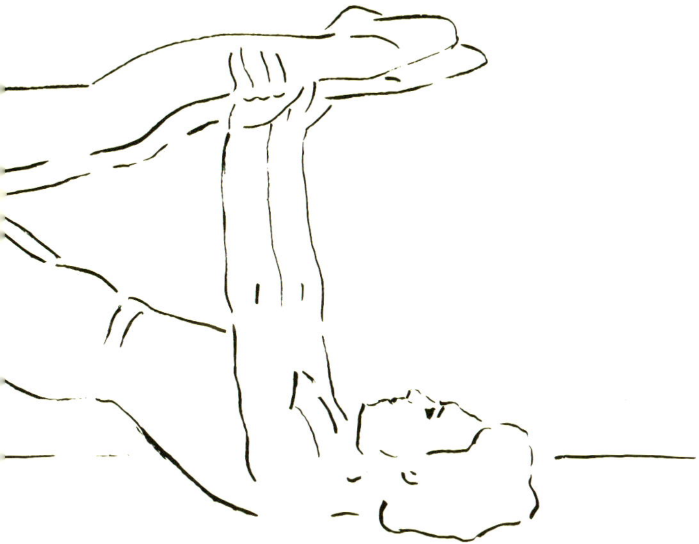

4.2 Partnertechniken

a) „Schaukel". Die Partner stehen einander so dicht gegenüber, daß die Fußspitzen sich berühren. Mit beiden Händen umklammert man gegenseitig die Handgelenke des Partners. Beide lassen sich mit leicht vorgeschobenem Becken nach hinten kippen, bis ihre Arme gestreckt sind. Das so erreichte Gleichgewicht wird nur durch die Körpergewichte, nicht durch den Einsatz der Armmuskulatur erhalten. Nun geht A in die Hockstellung hinunter, während B stehenbleibt. Wechsel, usw.

Die Erweiterung dieser Übung besteht in der „einarmigen" Ausführung, bei der jeweils nur die rechten oder die linken Arme der Partner einander umfassen und der jeweils freie Arm nach hinten ausgestreckt wird. Die Übung ist auch im Dreierverband möglich, wobei ein stehender Partner mit zwei Partnern in der Hocke das Gleichgewicht halten kann.

„Flieger"

b) „Kern und Schale". A stellt sich mit gespreizten Beinen aufrecht hin und geht durch Beugung der Knie in senkrechter Körperachse hinunter. Der Oberkörper bleibt aufrecht. B kniet sich auf die Oberschenkel von A und umklammert mit ineinander gefalteten Händen den Nacken von A, während A das Gleichgewicht von B durch Umfassen von dessen Taille sichert. Beide legen sich nach hinten (Hohlkreuz) und gehen über zum Handkontakt wie in a).

c) „Flieger". Stellung von A wie in Teil b). Partner B setzt sich mit weit gespreizten Beinen auf die Oberschenkel von A (sein Rücken ist dabei A zugewandt) umklammert mit den Beinen dessen Taille und läßt seinen Oberkörper langsam nach vorn kippen. Gleichzeitig bringt A seinen Oberkörper nach hinten. Die Hände halten einander fest wie in a) beschrieben.

d) „Gallionsfigur". Grundstellung von A wie in b). B stellt sich mit dem Rücken zu A. Während A die Beckenknochen von B seitlich umfaßt, steigt dieser behutsam rückwärts auf die Oberschenkel von A und bleibt etwa in Höhe der Beuge stehen. Durch gleichzeitiges Vornüberlehnen von B (Hohlkreuz) und Zurücklehnen von A wird eine Gleichgewichtsstellung erreicht.

„Ikarische Spiele" (I)

Durch gemeinsam harmonische Seitenverlagerung des Gewichtes ist es möglich, aus dieser Ausgangsposition heraus miteinander Vorwärtsbewegungen zu machen.

e) „Ikarische Spiele". Dieser Begriff geht auf die griechische Sagengestalt Ikaros zurück und bezeichnet die Kunst, auf dem Rücken liegend mit nach oben ausgestreckten Armen und/oder Beinen Partner oder Gegenstände zu balancieren.

I) A liegt mit hochgestreckten Beinen auf dem Rücken. B umfaßt die Fußgelenke von A und drückt dessen Fußsohlen entweder seitlich gegen die eigenen Beckenknochen oder – bei gut ausgebildeter Bauchmuskulatur – parallel gegen den Bauch. Die Handflächen beider Partner berühren einander. Durch Gewichtsverlagerung nach vorn geht B in die waagerechte Stellung über, auf den Fußsohlen von A aufliegend. Nach dem Ausbalancieren kann B den Handkontakt lösen und seine Hände frei bewegen, was zahlreiche Möglichkeiten zur Gestaltung von Figuren eröffnet.

II) A beginnt in der „Kerze"-Position, das Becken mit den Unterarmen gestützt. B streckt beide Arme zur Seite aus, spannt die Armmuskeln und verlagert sein Körpergewicht so, daß er unter den Achseln durch die Fußsohlen von A hochgestemmt wird, wobei sich die Beine von B in leichter Grätsche befinden. A kann durch Senken seines Beckens den Partner bis hin zur waagerechten Position bringen.

„Ikarische Spiele" (II)

„Ikarische Spiele"

f) Schulterstand auf den Händen des Partners. A liegt mit angewinkelten und leicht gegrätschten Beinen auf dem Rücken, seine Fußsohlen sind auf dem Boden. Er streckt seine Arme nach oben aus. B führt einen Schulterstand auf den Handflächen von A aus und berührt dabei mit ausgestreckten Armen dessen Knie, ohne diese jedoch zu belasten oder gar einen Handstand auf ihnen zu vollziehen. (Aus dieser Position kann der Fortgeschrittene einen Handstandüberschlag durchführen (vgl. Kap. 6.1))

g) „Rückenträger". A und B stehen Rücken an Rücken. A greift nach hinten um den Bauch von B und schließt seine Hände. Mit geradem Rücken beugt er sich dann vorsichtig nach vorn bis zur waagerechten Haltung des Oberkörpers. B liegt nun auf dem Rücken von A – ebenfalls mit gestrecktem Oberkörper – und kann nun vorsichtig Arme und Beine senkrecht in die Luft führen. Für Anfänger ist Hilfestellung erforderlich, die gegen ein versehentliches Abrutschen nach vorn absichert.

h) auf Schultern stehen. B steigt über den waagerechten Unterschenkel des mit sehr tiefem Schwerpunkt stehenden A auf dessen gegenüberliegende Schulter. Beide Partner geben sich dabei überkreuzt die Hände. B richtet sich nun langsam zum Stand auf, wobei er an den Waden durch die Hände von A rücklings gestützt wird. Beim Absteigen muß A seine Hockstellung so weit nach unten verlagern, daß B von seinen Schultern springen kann. (Hilfestellung erforderlich)

i) Kreispyramide. Durchführbar mit jeder beliebigen geraden Anzahl von Teilnehmern.

Die Hälfte der Gruppe steht in Halbhocke und bildet einen Kreis, wobei jeder mit den Armen die ihm abgewandten Schulterseiten seiner Nachbarn umfaßt (wie beim Sirtaki). Die zweite Gruppenhälfte steigt so auf die Oberschenkel der ersten, daß in der Lücke zwischen zwei unteren Teilnehmern jeweils ein oberer steht. Die obere Halbgruppe richtet sich auf (Hohlkreuz) und schließt mit den Armen den Kreis, wobei die Teilnehmer sich mit den Oberschenkeln gegen die Arme der unteren Halbgruppe lehnen.

Die hier beschriebenen Techniken bilden einen akrobatischen Grundstock, der mit Einfallsreichtum individuell ausgebaut und erweitert, auch auf eine höhere Personenzahl ausgedehnt, werden kann.

Kreispyramide

5. Themen und Spielvorschläge zur Statischen Akrobatik

Zur Umsetzung akrobatischer Techniken auf der Bühne sind auch andere Theaterelemente notwendig, Akrobatik sollte nie Selbstzweck sein. „Eine solche Zielstellung duldet keine stereotypen Körperübungen, sie verlangt, stets inhaltliche Motivationen und Phantasie „ins Spiel" zu bringen. Dies beginnt bei den ganz einfachen Grundübungen wie „Sich-Hinsetzen" zum Beispiel und setzt sich kontinuierlich fort bis möglicherweise zum Salto mortale. Fände der Schauspieler nicht auch für jeden akrobatischen und artistischen Bewegungsablauf eine spielerische, in der individuellen Ausführung differenzierte Form, die erkenntlich artikulierbar, begründet und emotionell motiviert ist, so wäre er bereits in der Gefahr, formalistischer Verselbständigung und mechanischem Training zu verfallen. ...Schauspielerische Artistik ist an szenische Vorgänge gebunden und ohne gestalterische Funktion, etwa als verselbständigte Darbietung, ... für die Schauspielausbildung unbrauchbar." (Horst Beeck in: Ebert/Penka: Schauspielen, S. 234)

a. Die Elemente
b. Maschinen/Mechanismen
c. Schaufensterpuppen, Roboter, Skulpturen
d. Pflanzendarstellung
e. Tierdarstellung
f. Bauwerke
g. abstrakte Bühnendekoration
h. psychische Zustände, Träume, Alpträume
i. Symboldarstellung
j. Assoziationscollage zu Literatur

a. Die Elemente. Erde, Luft, Feuer, Wasser – ein unerschöpfliches Thema für den Tanz- und Pantomimenbereich. Die Darstellung mittels abstrakter Körperhaltungen soll Assoziationen schaffen. Neben der physischen Stabilität der Figuren ist der individuelle Ausdruck der verwendeten akrobatischen Positionen wichtigster Punkt, nicht die in turnerischem Sinn perfekt ausgeführte Normdarstellung einer Übung. Musikbegleitung verstärkt die Wirkung. Empfehlenswert ist die Vorführung in neutraler Kostümierung (weiße oder körperfarbene Trikots). Zusätzlich optische Effekte wie z.B. Diaprojektionen von Naturaufnahmen auf das helle Trikot bieten sich an. Unbedingte Voraussetzung für ausdrucksvolle Wirkung ist die Neutralität der Gesichtszüge oder die Verwendung einer Gesichtsvermummung.

Erde: Die Darsteller betonen die Schwerkraft der Erde, stellen Steine, Felsen usw. statisch dar. Dies ist allein oder als Gruppe ineinander verschlungen möglich. Weitere Mitspieler verwandeln mit schweratmigen Bewegungen diese Naturkonstruktion durch räumliche Veränderungen (Tragen) und Umgestaltung der Struktur (Sysiphus-Thema).
Luft: Auf die Änderung der Musik hin löst sich die Erdformation auf, die schwere Statik geht über in schwebende Körperwellenbewegung (vgl. dazu Gerber/Wroblewsky, Anatomie der Pantomime, S. 20). Allzu schematische Darstellung (Flugbewegung aufrecht stehend) sollte man vermeiden und mit phantasievollen akrobatischen Formen experimentieren. Vorschläge: Partnerposition „Flieger“, „ikarische Spiele“, „Gallionsfigur“ usw. (siehe Kap. 3), auch Wellenbewegungen des Körpers in verschiedenen Haltungen wie Schulterstand, Waage usw.
Feuer: Feuer ist ein sehr dynamisches Element. Auch hierbei sind Wellenbewegungen umsetzbar, jedoch nicht in der schwerelosen Weichheit wie bei der Luft, sondern in dynamischen Impulsen und arhythmisch zuckenden Schüben. Die Gruppe sollte als Einheit agieren, um der Darstellung eine richtungsorientierte Form zu geben. Körperdrehungen können wichtiger Bestandteil der Darstellung sein. Eindeu-

Elemente: Luft

Elemente: Feuer

tige akrobatische Empfehlungen möchten wir hier nicht geben, die Auswahl soll den Ausführenden überlassen bleiben. Möglicherweise führen Experimente mit Techniken wie „Rückenträger", Kontaktimprovisationen und impulsivem Wegdrücken zu guten Ergebnissen.

Wasser: Die Feuermusik wird von der Wassermusik quasi „gelöscht", die Feuerbewegungen sterben, die Agierenden liegen auf dem Boden. Zur anschließenden Darsellung einer Unterwasserwelt lassen sich die meisten Übungen der statischen Akrobatik gut verwenden. Die Bewegungsführung der Gliedmaßen muß dem Verlauf des Wasserstromes entsprechen, z.B. durch das Führen der Handrücken oder der Füße entlang der Form einer liegenden Acht. Optisch wirkungsvoll sind Stellungen, bei denen sich die Beine frei in der Luft bewegen.

Zur kompositorischen Abrundung lasse man die Darstellungsform wieder zum Ausgangspunkt zurückkehren: Die Wasserpflanzen versteinern, der Zustand „Erde" ist wieder erreicht. Eine interessante Lösung besteht darin, aus der Versteinerung die Teilnehmer langsam zu menschlichen Haltungen und Gesichtsausdrücken (ggf. Masken abnehmen) zurückkehren zu lassen und so den Menschen in die Darstellung der Elemente mit einzubeziehen.

Elemente: Wasserpflanzen

b. Maschinen/Mechanismen. Die Maschinendarstellung ist die hohe Kunst der Chorarbeit. Ausgangspunkt ist die pantomimische Aufgabe der Darstellung eines Uhrwerks, bei der nacheinander die einzelnen Teilnehmer ihren Bewegungsbeitrag zum Gesamtobjekt beisteuern. Die Verwendung einer einfachen Viertaktmusik, eines Metronoms oder

Maschine

eines rhythmischen Maschinengeräusches ist für die Darstellung erforderlich. Die Rhythmisierung kann individuell differenziert werden, indem sich verschiedene Teilnehmer wahlweise z.B. nur auf „eins“ oder nur auf „zwei“ und „vier“ bewegen o.ä. Durch kontaktakrobatische Stellungen wird das Gesamtobjekt variationsreicher.

c. Schaufensterpuppen, Roboter, Skulpturen. Eine spielerische Thematik, bei der in Spannung stehende Akteure von anderen getragen, umpositioniert oder umgruppiert werden. Mit Geschicklichkeit ist es möglich, eine stehende Figur

Skulptur

Eine Schaufensterpuppe wird weggetragen

Baum

umzudrehen und auf dem Kopf oder den Unterarmen abzustellen (Kopfstand, Ellbogenstand, Schulterstand, ggf. Handstand). Das Umdrehen einer Figur fällt leichter, wenn es von mindestens zwei Personen durchgeführt wird.

d. Pflanzendarstellung. Neben den bereits im Rahmen der „Elemente" beschriebenen Wasserpflanzen ist die Darstellung von Bäumen besonders hervorzuheben. Hier sind umgekehrte Dreierpyramiden als Ausgangsform empfehlenswert, wobei ein Träger den Stamm bildet und zwei von ihm getragene Personen mit ihren Armen das nach oben hin breiter werdende Astwerk. Gespreizte Finger symbolisieren Blätter. Entsprechend Etienne Decroux ergibt sich nach oben hin eine Zunahme von Bewegung: Der untere Teil des Stammes (Träger) ist unbeweglich, der obere Teil des Stammes pendelt kaum merklich (minimale Körperbewegungen der oberen Darsteller), die Äste schwanken im Wind (leichter Armwellen), die Blätter vibrieren (schnelle Vibration der gespreizten Finger).
Spielvorschlag: Der Baum in den vier Jahreszeiten.

Eine konkrete Anregung für die Bühnendarstellung wie auch für die Spielimprovisation ist die Dornenhecke aus dem Märchen „Dornröschen": Eine Kontaktakrobatik der Gesamtgruppe, wobei Fingerspitzen und/oder Schaumstoffteile an den Trikots die Dornen symbolisieren.

Als letzte Möglichkeit der Pflanzendarstellung möchten wir das Thema „Blume und Knospe" nennen: Eine durch mehrere Teilnehmer gebildete runde Form, die durch Bewegungen der Oberkörper geöffnet oder geschlossen wird. Bei größerer akrobatischer Geschicklichkeit kann dieser Bewegungsvorgang aus einer Pyramidenform heraus gestaltet werden.

e. Tierdarstellung. Hier ergeben sich zwei Möglichkeiten, und zwar zum einen die Darstellung konkreter Tiere, zum anderen die Schöpfung von Phantasie- und Fabeltieren. Unter Zuhilfenahme von Masken und Stoffen (auch elastische Stoffhüllen für mehrere Darsteller) kann man interessante Formen entwickeln. Dabei ist die akrobatische Darstellung auf zwei Ziele gerichtet:

I) Darstellung der Tierform, seiner Haltung und seines Schwerpunktes
II) Darstellung seiner charakteristischen Fortbewegungsmöglichkeiten (thematisch eigentlich den Vorschlägen für „dynamische Akrobatik" zuzurechnen, wir wollen die Anregungen für die Tierdarstellung jedoch nicht trennen)

Beispiele zu I)

- Giraffe: Man liegt auf dem Rücken eines nach vorn gebeugten Partners und streckt die Beine schräg in die Luft, um damit den Hals der Giraffe zu bilden, wobei die Fußspitzen eine entsprechende Kopfform oder Maske tragen.
- Affe: Kennzeichen sind der gespreizte Stand mit tiefliegendem Schwerpunkt, der durchgedrückte Rücken sowie Wipp- und Pendelbewegungen, letztere besonders bei den Armen.
- Insekten: Als charakteristisch ist hier der zwischen weit nach außen gespreizten Gliedmaßen „schwebende" Körper zu nennen. Mit Hilfe kontaktakrobatischer Techniken ist hier eine optische Vervielfachung der Gliedmaßen möglich.
- Strauß: siehe Abbildung

Beispiele zu II)

- Affe: Die Fortbewegung des Affen wird dargestellt durch fließende Gewichtsverlagerung zwischen Händen und Füßen und erfolgt in Form von rhythmischen Seitwärtssprüngen. Auch Rollen, Flugrollen und angedeutete Handstände können in das Bewegungsrepertoire aufgenommen werden.
- Insekten: Die synchrone Bewegung der Teilnehmer, die gemeinsam ein Insekt darstellen, muß geübt werden. Plötzlicher Beginn von Bewegungen und ebenso ruckartiges Einfrieren der Bewegungen (freezing) sind die Hauptzüge der Darstellung.
- Phantasietiere: Hier existiert eine breite Palette von Ausdrucksformen der Fortbewegung. Als

Affe

Tierdarstellung

Möglichkeit seien schlangen- und raupenähnliche Wesen genannt, die sich wellenförmig bewegen, z.B. in Form einer Dreierrolle (vgl. Kap. 6 II a), von Partnern ausgeführt, die in einen großen elastischen Stoffsack eingehüllt sind. Wenn nun an einer beliebigen Stelle dieses Stoffsacks eine Maske angebracht wird, lassen sich durch verschiedene Bewegungen des „Phantasietieres" überraschende Effekte erzielen. Ein rhythmisches Vergrößern und Verkleinern der Grundform durch Dehnen des Stoffes mit dem Körper verleiht der Form pulsierendes Leben.

f. Bauwerke. Besonders reizvoll für das Kinder- und Märchentheater ist die Errichtung von „Bauwerken", indem pyramidenbauende Akteure an ihren Körpern Bauteile aus Papier, Pappe usw. tragen und mit deren Hilfe sie lebende Kulissen wie Märchenschlösser, Türme, Mauern und Hexenhäusern errichten, die ebenso schnell wieder ab- oder umgebaut werden können.

g. Abstrakte Bühnendekoration. In Erweiterung des Vorschlags „Bauwerke" abstrahiert man die menschliche Kulisse zum Zusammenspiel aus Form und Farbe. Reihungen und andere Strukturen in Verbindung mit farblicher Gestaltung des Trikots (auch Neonfarben) erzielen hier die gewünschte Wirkung.
Die Kunstform „Table vivant", also das Nachstellen konkreter historischer Gemälde – inhaltlich dem pantomimischen Bereich zuzuordnen – ist leider fast ausgestorben. Im letzten Jahrhundert wurden besonders religiöse Themen und Gemälde als Stehbilder dargestellt. Mit akrobatischen Elementen solche lebenden Bilder darzustellen, ist reizvoll, allerdings insofern schwierig, da man für diesen Bereich nur wenige brauchbare Vorlagen findet. Eine echte Herausforderung für eine Gruppe sind Gemäldevorlagen von Peter Breughel oder Hyronimus Bosch („Garten der Lüste" von H. Bosch, „Kinderspiele" von P. Breughel). Auch abstrakte Gemälde lassen sich als Vorlage verwenden. Die Umsetzung kubistischer Werke ist denkbar als Formkonstruktion in farbigen Trikots oder mit aufgesetzten farbigen Kartonflächen.

h. Psychische Zustände, Träume, Alpträume. Die Traumdarstellung oder Darstellung der psychischen Zustände ist in eine naturalistische Handlung eingebettet. Die Bühne wird in zwei Spielbereiche aufgegliedert, wobei auf dem einen Teil eine naturalistische Handlung mit realistischen Requisiten in natürlichem Tempo gespielt wird. Ein Stehbild (freezing) oder eine stark reduzierte Weiterführung der Rahmenhandlung leitet die Traumhandlung ein, die als exakte Zeitlupendarstellung ablaufen sollte. Licht- und Musikwechsel erleichtern dem Zuschauer das Verständnis der Schaltstellen. Die Traumhandlungen können in tänzerisch-akrobatischen Einlagen mit Motiven wie Liebe, Erotik, Haß, Eifersucht, Gefahr, Rivalität oder Tod bestehen.
Auch ein räumliches Heraustreten der Figuren aus der realistischen Spielebene in den Traumbereich ist möglich, es folgt das Weiteragieren als Traumbestandteil, schließlich die Rückkehr in die Realität durch nochmaligen Wechsel der Spielebene.

Konkrete Beispiele für die Polarität zwischen naturalistischem Rahmen und Traum:

ein Ehepaar in gelangweilt routinierten Gesten am Kaffeetisch	Darstellung ihrer Beziehung unter Aufdeckung ihrer Instinkte und unterdrückten Begierden (mögliche Darstellung: Die Partner tragen einander abwechselnd auf dem Rücken, wobei der Getragene mit seinem Körper ein Kreuz bildet)
wir hören einen Dialog zwischen distanzierten Gesprächspartnern	Rivalität und brutaler Machtkampf
zwei fremde junge Menschen sitzen auf einer Parkbank, ohne Kontakt miteinander zu haben	lyrische Kontaktakrobatik mit Elementen von Liebe und Erotik

i. Symboldarstellung. In diesen Bereich gehört die Darstellung von Buchstaben, Wörtern oder Zahlen mit Hilfe von Körperkonstruktionen. Ebenso geeignet sind Verkehrsschilder, Piktogramme, Wappen u.v.a.

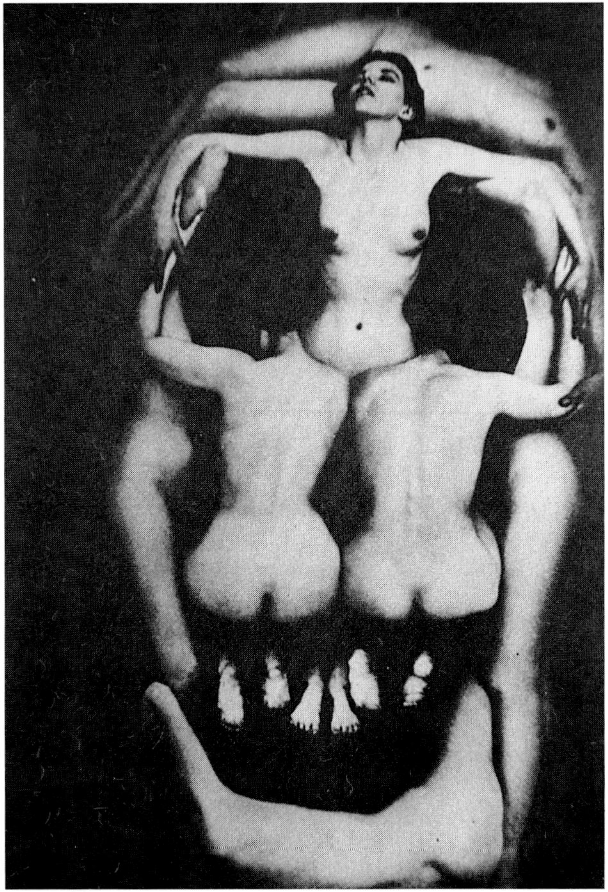

Eine reizvolle Gruppenimprovisation für eine Gruppe von mindestens zwei mal acht Teilnehmern besteht darin, im Wechsel Wörter darzustellen, die von der anderen Teilgruppe erkannt und als Thema für eine kurze Schauspielimprovisation verwendet werden soll.

j. Assoziationscollage zu Literatur. Ein Bereich, in dem der Einsatz von Elementen der Pantomime, des Tanzes und der Akrobatik ebenfalls denkbar ist, jedoch bislang seltener genutzt wird, sind Literaturabende und Vorlesungen. Hier bietet sich die Möglichkeit, als Gegengewicht zur Statik der verbalen Sprache und als Auflockerung eine Untermalung oder ergänzende Darstellung in Form der genannten körperlichen Ausdrucksmittel einzusetzen.

Salvador Dali-Philippe Harsmann
„Schädel" (Ausschnitt) 1954

6. Dynamische Akrobatik – Grundtechniken

6.1 Solotechniken

a) Rolle vorwärts. Die Rolle gehört sicher zu den bekanntesten Bewegungsübungen. Jeder hatte als Kind Freude am „Purzelbaum" beim Herumtoben. Trotzdem läßt sich feststellen, daß verschiedene Ausführungsfehler sehr verbreitet sind. Die korrekte Rolle muß also auch trainiert werden. Eine geeignete Methode dazu, auch um mit dem Erdboden vertrauter zu werden, ist die Zeitlupenbewegung. In der Zeitlupe wird der Bewegungsablauf bewußter wahrgenommen. Die im Zeitlupentempo ausgeführte Bewegung muß in jeder Phase angehalten werden können (freezing). Dadurch vermeidet man das unkontrollierte „Loslassen" des Körpers, besonders bei der Rolle eine verlockende Gefahr, und führt stattdessen den Körper von einer Haltung in die nächste.

Die korrekte Ausführung: Nach zwei Anlaufschritten im Zeitlupentempo geht der Körper in die Waagestellung, die Hände bewegen sich zum Boden, gleichzeitig wird ein Bein nach hinten in die Luft gestreckt. Das Körpergewicht wird auf die Hände verlagert, das Kinn auf die Brust gedrückt, so daß man den Hinterkopf auf den Boden aufsetzen kann. Es entsteht ein Nackenstand, wobei die Hände vom Boden gelöst werden. Die Beine befinden sich oberhalb des Gesichtes. Mit dem gebogenen Rücken rollt man – Wirbel für Wirbel – nach vorn in die Sitzhaltung. Der Beckenwinkel bleibt während dieser Phase unverändert. Das Aufstehen erfolgt ohne Hilfe der Hände. Nach einigen Versuchen kann die Rolle mit Schwung im Normaltempo durchgeführt werden.

b) Rolle rückwärts. Das Üben der Rolle rückwärts geschieht nach gleicher Methode in exakt umgekehrter Reihenfolge.

c) Fallen. Falltechniken sind besonders wichtig für die Theaterarbeit, weil sie auf der Bühne häufig notwendig werden, z.B. auch als Bestandteil des Bühnenkampfes. „Wie peinlich ist es beispielsweise, wenn in einer „hochdramatischen" Erstechungsszene der Betroffene zunächst noch die letzten zwei Stufen der Treppe hinuntersteigt, sich dann setzt oder kniet und schließlich tot zu Boden legt! Selbstverständlich kann eine solche Lösung, in einer anderen szenischen Situation, als parodierendes Element zum Beispiel, genau richtig und zweckentsprechend sein. Jedoch verlangen viele schauspielerische Bewegungsaktionen und -reaktionen eben eine ganz bestimmte Technik, ohne deren sichere Beherrschung (darunter verstehen wir für den Schauspieler eine disponible „Benutzbarkeit des Körpers“) eine Szene für den Zuschauer unglaubwürdig werden kann.“ (Horst Beeck in: Schauspielen, S. 235) Durch Falltraining verliert der Akteur die Angst vor dem Boden, den er sonst meist nur mit den Füßen berührt. Falltechniken müssen durch wiederholtes Training so sehr automatisiert werden, daß sie nicht „gestellt“ wirken, sondern als organischer Teil der Bewegungsabläufe.

Alle Fallübungen sind so auszuführen, daß die Fallenergie in Bewegungsenergie, also in Abrollen und Gleiten umgewandelt wird, wobei jeglicher ruckartige Bodenkontakt (= hartes Aufprallen) vermieden wird. Ein Vorschlag: In aufrechter Körperhaltung wird das rechte Bein hinter das linke gekreuzt und mit dem Außenrist auf den Boden gesetzt. Die Spannung im Körperzentrum wird langsam reduziert, der Körper gleitet über die rechte Wade, den Oberschenkel, das Gesäß und den Rücken in die Bodenlage. Mit etwas Schwung gelingt in umgekehrter Reihenfolge ohne Hilfe der Hände das Aufstehen.

d) Handstandrolle. Diese Übung gelingt natürlich erst dann, wenn man den Handstand beherrscht. Aus dem Handstand läßt man sich durch Nachgeben der Ellbogen hinuntergleiten, bringt gleichzeitig das Kinn auf die Brust und setzt mit dem Nacken auf. Die Fortsetzung erfolgt wie bei der Rolle.

Umgekehrt gelangt man aus der Rückwärtsrolle in den Handstand, indem man genau dann, wenn die Schultern den Boden berühren, die Hände aufsetzt und sich senkrecht hochdrückt. Hierzu ist Schwung notwendig. Mit aktiver Hilfestellung kann man den optimalen Moment des Hochdrückens herausfinden, da zu frühes Hochdrücken ein Zurückkippen auf den Rücken bewirkt.

e) Flugrolle. Bei der Flugrolle ist der ganze Körper für eine kurze Zeit in der Luft. Bei vielen Menschen besteht eine Hemmschwelle, den Flug mit den Händen aufzufangen. Dazu empfehlen wir als Vorübung den „Kaninchensprung“, bei dem man aus der Hocke vorwärts auf die Hände springt und die Beine zur Ausgangshaltung nachzieht usw. Aus dem Kaninchensprung geht man dann in die normale Rolle vorwärts über. Sprunghöhe und Sprungweite werden mit wachsender Sicherheit vergrößert.

f) im Handstand gehen. Aus dem Handstand (Hohlkreuz, Kopf im Nacken) werden die Beine ein wenig in die Laufrichtung gekippt. Um ein Kippen des gesamten Körpers zu vermeiden, müssen die

Hände mit kleinen „Schritten" in die gleiche Richtung nachgezogen werden. Ein Partner sollte eine – nicht feste – Hilfestellung leisten, indem er seinen Unterarm locker gegen die Waden oder in die Kniekehlen des Ausführenden lehnt, um diesem das Gefühl der Sicherheit gegen Überkippen zu vermitteln.

g) „Sprungfeder". Eine spielerische Akrobatik, sehr brauchbar für Zirkusclownesken ebenso wie für Commedia dell'arte. Man springt aus dem aufrechten Stand in den Handstand. Die leicht angewinkelten Ellbogen federn den Sprung ab. Mit gleichzeitigem Rückstoß von den Armen und Schwung von den angewinkelten Unterschenkeln schwingt man sich zurück in die Ausgangsposition. Optisch wirkungsvoll ist es, diese Übung in schneller Aufeinanderfolge mehrmals zu wiederholen. Bei der schnellen Ausführung wird der Sprungbogen kleiner, dadurch erfolgt das Aufsetzen sowohl der Hände als auch der Füße mehr in Schräglage.

h) Handstandabrolle. Für diese Übung muß man einen stabilen Handstand beherrschen. Man läßt sich aus dem Handstand durch Nachgeben der Ellbogen hinuntergleiten und lehnt dabei den Kopf möglichst weit zurück. Auf diese Weise kommt man mit dem Brustkorb oder dem Bauch sanft auf die

Handstandabrolle

Endposition Handstandabrolle

Erde und rollt über Oberschenkel, Knie und Oberfüße den Körper so ab, daß sich folgende Position als Endstellung ergibt:

Vorübung dazu: Statt aus dem Handstand aus der Hocke diese Übung versuchen

i) Handstandüberschlag. Man nimmt einige Schritte Anlauf und geht aus der aufrechten Haltung in den Handstand. Mit den leicht angewinkelten Armen drückt man sich vom Boden hoch (Hohlkreuz!) und entlang der Laufrichtung wieder in die aufrechte Stellung. Der ideale Moment für dieses Abdrücken ist dann erreicht, wenn der Körper die Handstandvertikale um etwa 30 Grad überschritten hat. Die Landung sollte mit aufrechtem Oberkörper versucht werden.

Zwei Hilfestellende sind zum Einüben erforderlich, um, wenn nötig, die letzte stützende Kraft zu gewähren.

Handstandüberschlag mit Hilfestellung

j) Kopfstandüberschlag. Die Ausführung erfolgt in ähnlicher Weise wie beim Handstandüberschlag. Der Unterschied besteht darin, daß man aus dem Handstand durch Nachgeben der Ellbogen den Kopf zu einer kurzen Bodenberührung führt. Auch hierbei sind zwei Hilfestellende anzuraten.

k) Radüberschlag. Es handelt sich hierbei um eine bekannte Übung, die vielfach schon bei Kindern beliebt ist. Man springt mit einer Viertel-Körperdrehung auf beide Hände, drückt sich nun in ähnlicher Weise ab wie bei der „Sprungfeder", um nach einer im Sprung vollzogenen weiteren Vierteldrehung in gleiche Richtung mit dem Rücken zur Laufrichtung aufzukommen.

l) „Rückenkippe". Man legt sich auf den Rükken und führt die Beine weit nach hinten über den Kopf. Die Handflächen sind neben dem Kopf auf die Erde gestützt, die Fingerspitzen zeigen nach unten. Das Becken ist vom Boden abgehoben. Der Körper schnellt nun mit Spannung hoch in den Stand, indem die Beine nach vorn geschleudert werden und der Oberkörper sehr dynamisch folgt. Nach guter Einübung kann dieser Ablauf ohne Hilfe der Hände erfolgen. Zwei Hilfestellende sind ratsam, die zunächst den Ausführenden an je einem Arm hochziehen bzw. ihn später mit ihren Handflächen an der Taille unterstützen.

m) Flic-flac. Beim Flic-flac stellt man sich rückwärts zur Ausführungsrichtung auf und bewegt den Körper in gerader Achse nach unten wie zum Hinsetzen, wobei die Fersen unbedingt auf dem Boden bleiben müssen. Man holt Schwung, indem man die Arme nach oben hinter den Kopf schleudert und sich gleichzeitig mit den Beinen kraftvoll vom Boden abdrückt. Die Landung erfolgt in der Handstandposition mit sofort anschließendem Abdrücken aus dem Handstand in den aufrechten Stand.

Vorübung dazu: mehrmals aus der anfänglichen „Sitz"-Position mit hochschleudernden Armen nach hinten springen. Weitere Vorübung: aus dem Stand in die Brücke gehen.

Weiche Bodenunterlage und doppelte Hilfestellung unbedingt erforderlich. Die Hilfestellenden erfüllen ihre Aufgabe dadurch, daß sie dem Ausführenden Schwunghilfe leisten, also von hinten seine Oberschenkel und seinen Rücken mitführen, sowie bei unsicherer Bodenlandung den Körper abbremsen.

n) Kosakenkreisel. Eine gut wirkende und verhältnismäßig einfache Übung, bei der man auf einer Ferse sitzend auf dem Boden hockt, das andere Bein ist zur Seite ausgestreckt. Die Handflächen liegen schulterbreit auf dem Boden auf. Wir beginnen, mit dem gestreckten Bein nach vorn zu kreisen. Mit den beiden Armen und dem Hockbein überspringt man jeweils im rechten Moment das rotierende Spielbein. Der Oberkörper führt bei dieser Übung sanft kreisende Bewegungen durch, er befindet sich immer auf der dem ausgestreckten Bein gegenüberliegenden Seite.

o) Salto. Der Salto (vorwärts und rückwärts) steht am Ende dieser Auflistung dynamischer Solotechniken, weil sein Schwierigkeitsgrad erheblich über dem der vorangegangenen Übungen liegt und auch Verletzungsgefahr durch unsachgemäße Ausführung besteht. Unbedingt empfehlenswert zum Einüben des Salto ist die Zirkuslongue.

Deshalb sei diese Übung nur der Vollständigkeit halber erwähnt und dem interessierten Leser angeraten, zum Zwecke des Erlernens an einem entsprechenden Kurs teilzunehmen oder sich spezielle Literatur zu besorgen (siehe Verzeichnis).

Salto rückwärts

6.2 Partnertechniken

a) Doppelrolle. Jeder der beiden Partner umklammert fest die Fußgelenke des anderen (s. Foto), beide sind dabei leicht gegrätscht. Das so gebildete „Rad" bewegt sich, zunächst in Zeitlupe, durch Kraftanstrengung beider Partner, besonders aus den Beinen heraus, vorwärts. Die Doppelrolle kann auch rückwärts versucht werden oder als Dreierrolle, was jedoch viel schwieriger ist. Der jeweils stehende Partner muß dazu eine Flugrolle ausführen, deren sichere Beherrschung vorauszusetzen ist.

Doppelrolle

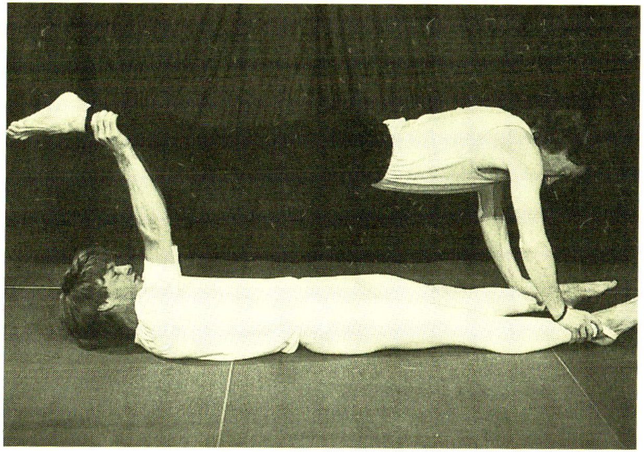

Doppelrolle seitlich

b) Doppelrolle seitlich. A liegt auf dem Rücken und drückt die Fußgelenke von B in die Luft hoch, während sich B mit gestreckten Armen auf den Fußgelenken von A aufstützt. B läßt sich zur Seite kippen und bringt dadurch A nach oben usw. Diese Übung erfordert viel Muskeleinsatz, da jede Zwischenposition einem Liegestütz entspricht.

c) Bocksprung über einen aufrecht stehenden Partner. A stellt sich aufrecht hin, sein Kopf ist weit vornüber gebeugt. B nimmt von hinten Anlauf und verlagert nach dem Sprung sein Körpergewicht auf die Arme, mit denen er sich auf den Schultern von B kurz aufstützt und nach vorn abdrückt. Die Beine sind während des Sprungs gegrätscht. Diese Technik ist leichter als es wegen der Größe des aufrecht stehenden Partners zu vermuten ist, vorausgesetzt man drückt sich mit Muskelkraft richtig hoch.

d) Zirkulation. A stellt sich in etwa drei Metern Abstand mit dem Rücken zur Front von B auf. Nun macht A eine eng zusammengezogene Rückwärtsrolle, B springt eine Flugrolle über A hinweg. Im Anschluß daran stehen beide auf. Nun erfolgt die Übung mit vertauschten Rollen usw.

4 # 89 1099 Bühnenakrobatik

e) Clownrolle. Beide Partner liegen mit ca. einem Meter Abstand nebeneinander auf dem Bauch. A rollt sich seitlich zu B hinüber, gleichzeitig stößt sich B mit Händen und Füßen hoch in die Luft und landet auf allen Vieren an der Stelle, wo zuvor A gelegen hat. Rollentausch usw. Jeder Partner rollt bzw. springt also immer in die gleiche Richtung.

Zu dritt kann man die Clownrolle in folgender Weise nach dem Jonglierprinzip durchführen, wozu in erster Linie Rhythmusgefühl erforderlich ist. In der folgenden Ablaufskizze der Dreier-Clownrolle bedeutet der gerade Pfeil jeweils eine Rolldrehung, der Bogen einen Sprung in die entsprechende Richtung:

Clownrolle

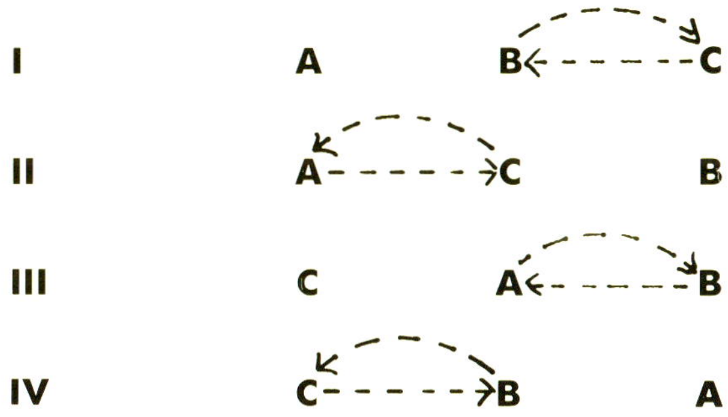

usw.

(Die Sprünge können als „Handstandsabrolle" durchgeführt werden (vgl. Kap. 6, 1h)

f) vom Handstand den Partner auf die Beine stellen. A macht einen Handstand mit leicht nach hinten gebeugten Unterschenkeln, B stellt sich mit dem Rücken zu A und ergreift dessen Fußgelenke, wobei sein Kopf sich zwischen den Beinen von A befindet. B muß dabei in stabiler Grätsche-Position stehen. Er beugt sich mit einer ruckartigen Bewegung des Oberkörpers nach vorn und stellt so A vor sich auf die Beine. A muß mit einer Vorwärtsbewegung des Oberkörpers den Bewegungsablauf aktiv unterstützen. Zunächst wird diese Übung unter Zuhilfenahme einer passiven Hilfestellung durchgeführt, die gegen ein Zurückkippen absichern soll.

Vom Handstand ...

... den Partner

... auf die Beine stellen

Stützrolle

g) Stützrolle. A stellt sich leicht gegrätscht mit dem Rücken zu B. B führt von hinten seinen Kopf durch die Beine von A. A lehnt sich nach hinten auf den Rücken von B. Dieser greift mit den Händen zurück, umfaßt mit sicherem Griff die Schultern von A, richtet sich dann auf und „kippt" A hinter sich in die Standposition. Passive Hilfestellung.

h) Rückwärtsdreher. A und B stehen in ca. 60 cm Abstand einander gegenüber. C stellt sich zwischen beide und faßt deren Schultern an wie abgebildet. C nimmt Schwung wie zum flic-flac und springt hoch, während A und B mit ihren Händen C's Rücken den nötigen Schwung geben. C landet auf den Beinen.

Rückwärtsdreher

7. Themen und Spielvorschläge zur Dynamischen Akrobatik

7.1 Chaplinesken, Stummfilmszenen

Bevor man sich mit diesem Themenbereich näher beschäftigt, muß man sich mit den technischen Gegebenheiten des Stummfilms vertraut machen. Aus der geringen Anzahl der Bilder pro Sekunde – 18 im Vergleich zu 24 heute – sowie an dem Umstand, daß mit der Hand gedreht wurde und so das Gleichmaß der Filmgeschwindigkeit nicht konstant eingehalten wurde, resultiert der typische slapstickspezifische Rhythmus, also die schnellen, hektischen, abgehackten Bewegungen. Die Filmsequenzen wurden damals ausschließlich mit Stehkameras gedreht, auf diese Weise „verschwanden" die Akteure, wenn sie über den Bildrand der Kameraeinstellung hinausliefen. Zur Schaffung dieser Illusion lassen sich auf der Bühne Stellwände einsetzen.

Selbstverständlich ist es lohnenswert, sich in diesem Zusammenhang die alten Stummfilme von und mit Charlie Chaplin, Buster Keaton, Harold Lloyd usw. anzusehen und mit fachmännischen Augen auszuwerten; man wird dabei auf eine Menge interessanter Ideen für die Bühne stoßen. Insbesondere raten wir, die plakativen Gesten dieses Filmgenres, die ohne Worte für jedermann deutlich und verständlich sind, zu beobachten und ins eigene Ausdrucksrepertoire zu übernehmen.

Die Slapstickkomik ist eine eindeutige Bewegungskomik, die sehr oft mit Schadenfreude verbunden ist. Mit dieser Feststellung befinden wir uns bereits im akrobatischen Spielfeld: Prügeleien, Verfolgungsjagden, Beinahe-Unfälle, extreme Zufälle, Stolpern, Sahnetortenschlachten usw. erfordern eine hohe Körperflexibilität, ein exaktes Timing und eine präzise Choreographie. Außerdem muß – in Verbindung mit der passenden Musik – der Ablauf der Szenen tänzerische Leichtigkeit vermitteln.

Derartige Szenen sollten mit beinahe naturalistischen Requisiten und Kulissen ausgestattet werden. Die aus der klassischen Pantomime bekannten Illusionstechniken der malenden Gesten und der imaginären Gegenstände sollte vermieden werden. Als ideale Kulisse schlagen wir vor: Ein (aus Turnmatten gebautes) Bett, ein stabiler Tisch, Türattrappen (frei im Raum stehende Rahmen).

Stichwörter und Anregungen für Slapsticks auf der Bühne:

a) Liebesdreieck. Der eifersüchtige Ehemann/die eifersüchtige Ehefrau erwischt den Partner in flagranti und setzt dadurch eine turbulente Verfolgung mit akrobatischen Einlagen rund um das Bett in Gang. Durch die weiche Polsterung eignet sich das „Bett" natürlich für gewagte Stürze, Salti und Überschläge. Getreu der Devise „Der Zuschauer ist immer eine Spur klüger und informierter als die Szenenfigur" findet unter der Bettdecke noch die zärtlich verliebte Romanze oder eine angedeutete plakative „Sexualakrobatik" statt, während der Zuschauer im Hintergrund der Bühne den wutschnaubenden Ehepartner mit geballten Fäusten sprungbereit stehen sieht.

Hier gilt – wie bei der Darstellung aller Verfolgungsjagden im Slapstickbereich – daß alle dynamisch-akrobatischen Solo- und Partnerübungen verwendet sowie auch sämtliche Kulissen und Requisiten mit einbezogen werden können.

Variation „Liebesdreieck"

Ein Denkmal ...

... wird gestohlen

b) Denkmal. Die Grundhandlung ist altbekannt: Charlie ist wieder mal auf der Flucht vor seinen Verfolgern und findet kein Versteck. Da entdeckt er einen leerstehenden Denkmalsockel und schlüpft blitzartig in die Rolle des Denkmals. Zwischen dem „Denkmal" und den Verfolgern bahnen sich kontaktakrobatische Szenen ab. Jemand lehnt sich an, klettert am „Denkmal" hoch, oder das „Denkmal" droht umzukippen und wird in letzter Sekunde aufgefangen ...

c) Der Trunkenbold. Ein ausgezeichnetes Thema für akrobatisches Spiel. Der überzogene Slapsticktrunkenbold ist leichter darzustellen als der Betrunkene in einem ernsten Stück (vgl. Zwiefka, Pantomime).

Eine wichtige technische Hilfe zum Erlernen des Stolperns besteht darin, den Oberkörper in eine beliebige Richtung kippen zu lassen und durch ruckartiges Nachziehen der Füße die aufrechte Haltung wiederherzustellen. Aus der Stolperbewegung kann ein fließender Übergang in die verschiedenen Formen der dynamischen Soloakrobatik erfolgen (Rolle, Flugrolle, Überschlag....). Weitere Möglichkeiten ergeben sich aus den verrücktesten Bemühungen des sich Festhaltens oder aufrichten wollens.

Ähnliche Situationen ergeben sich aus den Eigenschaften „zerstreut", „ungeschickt", „schreckhaft" oder „abgelenkt".

Der Trunkenbold

d) Der Familienfotograf. Thema des Spiels ist der vergebliche Versuch des Fotografen, ein normgerechtes Foto zu schießen. Ständig läuft etwas schief: Die Familie ist unfähig, ruhig sitzen zu bleiben, die Kinder balgen sich, stellen sich auf den Kopf. Die Kamera muß jetzt natürlich auch umgedreht werden. Steht schließlich alles fotobereit, kippt der Apparat zusammen mit dem Fotografen um.

e) Moderne Zeiten. Eine Spielidee in Anlehnung an den gleichnamigen Chaplinfilm: Die

Gruppe stellt ein Maschinenwerk dar, der Solist gerät in die Zahnräder der Maschine und wird dort durchgewirbelt, versucht hinauszuklettern, rutscht ab usw. Dieses Thema ist allerdings als schwierig einzustufen.
Auch die – ebenfalls in dem genannten Film gezeigte – „Menschenfütterungsmaschine" läßt sich auf der Bühne darstellen, in Anlehnung daran eventuell auch eine „Menschen-Form" oder „Menschen-Bau-Maschine".

f) Der Störenfried. Ein neuer Mitarbeiter kommt in eine eingespielte Crew, in diesem Fall in die Großküche eines Hotels. Er verwandelt mit überdurchschnittlicher Ungeschicklichkeit und Unbegabung alles in ein Chaos. Zu dieser Handlung passen gut Konflikte mit sämtlichen Arten von Dreh- und Klapptüren, Durchreichen usw., die auch von Mitwirkenden dargestellt werden können. Ebenso geeignet sind komische Situationen, die sich aus dem Transport sperriger Gegenstände ergeben (Leitern, Bretter, Stangen....).

Unser nächster Vorschlag richtet sich nicht nur, aber besonders an ratlose Sportlehrer, die anläßlich eines Schulfestes eine Gruppendemonstration zum besten geben wollen:

g) Leibesübungen anno 1900. Man nehme eine Schallplatte mit militanter Marschmusik der Jahrhundertwende (z.B. den Radetzky-Marsch von Johann Strauß), kleide die zahlreichen Akteure in möglichst unvorteilhafte „Schlabberkleidung", statte sie zusätzlich mit verschiedenen Accessoirs wie Zigarren, Riesenschnurrbärten, Bierkrügen, Orden, Sonnenschirmen und Rüschenkappen aus, sammle eine Reihe veralteter Kommandoausdrücke und lasse dazu die Gruppe in pseudosynchroner Ausführung die gegebenen Kommandos möglichst tollpatschig und „möchte-gern-muskulös" durchziehen. Ständig muß sich die Gruppenformation ändern: Vom Kreis zur Reihe, von der Reihe zum Halbkreis oder in die „Pyramide". Die erschöpften Turner fallen am Ende zu einem Haufen zusammen.

Leibesübungen anno 1900

7.2 Clownesken

Heutzutage erlebt die Clownerie – besonders im Kleinkunstbereich – eine Renaissance. Alte Clownnummern werden umgebaut, den Darstellungen wird oft ein eher lyrischer Charakter verliehen statt der brutalen Keilereien aus den klassischen Nummern mit ihren Tritten und Wasserschlachten. Die traditionelle Clowndarbietung bleibt auf den Zirkus beschränkt. Wer an klassischen Clown-Entrees interessiert ist, dem empfehlen wir das Buch „Clownnummern" von Tristan Rémy (s. Lit.verzeichnis). Wenn man beginnt, sich mit Clownspiel näher zu beschäftigen, sollte man sich unserer Meinung nach den Grundsatz vor Augen führen: Wer eine rote Nase trägt, ist dadurch noch längst kein Clown. Jeder Darsteller sollte daran arbeiten, seinen eigenen Clown zu entdecken, d.h. eigene Humorquellen zu erschließen und einen individuellen Komikstil zu entwickeln. Auf diese Weise könnte das klassische Clowndreieck „Weißclown-Stallmeister-August" neue Identität finden, zum Beispiel als Dreieck „Regisseur-Primadonna-Lichttechniker" oder in beliebigen anderen aktuellen Bezügen. Die vielen zusammen in einer Generation existierenden Moderichtungen lassen sich auf der Ebene der Clownmuster zueinander in Beziehung setzen und dadurch Komik entstehen.

Zum Bereich „Clownesken" möchten wir nur zwei Trainingsvorschläge mit den klassischen Clownrequisiten Stuhl und Hut anführen:

– **Clowntrick mit Stuhl:** A sitzt in bequemer Position Zeitung lesend auf einem Stuhl. B stößt von hinten gegen den Rücken von A, wodurch dieser mit der Zeitung in der Hand vorwärts rollt. Statt der Handflächen werden bei der Rolle die Fäuste aufgesetzt. Nachdem A aus der Rolle in den Stand gekommen ist, stößt C ihn von vorn gegen die Schultern. Dadurch rollt A zurück, landet wieder in der Ausgangsposition – bequem sitzend – und liest weiter, als sei nichts geschehen.

– **Clowntrick mit Hut:** Man braucht dazu eine feste Kopfbedeckung wie eine Melone, einen Zylinder oder einen Filzhut. Diese wird mit der Öffnung nach oben auf den Boden gelegt. Der Ausführende macht nun eine Flugrolle oder einen Kopfstandüberschlag so gezielt mit dem Kopf in die Hutöffnung, daß er mit dem Hut auf dem Kopf in den Stand kommt, ohne die Kopfbedeckung mit den Händen zu berühren. Obwohl diese Übung recht einfach klingt, ist sie doch nicht unbedingt auf Anhieb zu schaffen. Zwei Hinweise sollten beachtet werden: Während des Anlaufs sollte bis zum allerletzten Moment der Augenkontakt zum Hut aufrecht erhalten werden. Dadurch ist es wesentlich einfacher, mit dem Kopf exakt die Hutöffnung zu treffen. Außerdem muß der Kopf in der letzten Phase der Rolle ruckartig nach vorn gebracht werden, damit der Hut nicht nach hinten zurückfällt.

Die eigentliche, Jahrhunderte alte Urquelle der Clownkunst ist die Commedia dell'arte.

7.3 Die Lazzi der Commedia dell'arte

Wie die Clownnummern im Zirkus Umbaupausen überbrücken sollen, so dienten entsprechend die Lazzi der Commedia dell'arte einer kurzen Atempause für die Schauspieler oder einem Umbau der Kulissen (vgl. dazu Kap. 2).

Mangels geschriebener Textvorlagen – die Inhalte der Commedia dell'arte wurden mündlich weitergegeben – ist diese traditionsreiche Darstellungsform heutzutage weitgehend in Vergessenheit geraten. Hinzu kommt die Schwierigkeit, mit den eigenen Vorerfahrungen Inhalte aus einem anderen

Kulturkreis glaubhaft auf die Bühne zu bringen, zumal es nahezu unmöglich ist, an die Ausdruckskraft eines Schauspielers heranzureichen, der sich sein Leben lang einer ganz bestimmten Charakterdarstellung gewidmet hat, wovon die C.d.a. existierte. Demnach ist es für einen Schauspieler eine echte Herausforderung, in Stücken mitzuwirken, die auf C.d.a.-Motiven beruhen wie die Lustspiele von Moliere oder Carlo Goldoni. Merkmale der C.d.a.-Spielart sind die plakative Darstellung und der akrobatische Körpereinsatz. Wie schon bei den „Stummfilmszenen" beschrieben, ist auch bei C.d.a.-Stücken typisch, daß der Zuschauer mehr weiß und eher im Bilde ist als die Bühnenfiguren, was durch Monologe ins Publikum unterstützt wird.

Statt einer Auflistung einzelner Spielvorschläge möchten wir die stichpunkthafte Beschreibung einer Rekonstruktion von Wolfgang Amadeus Mozarts Faschingsstück „Columbine und Pantalone" geben. Mozart hat in der Partitur zu diesem Stück nur vereinzelte Stichwörter geschrieben, die kaum Rückschlüsse auf die ursprüngliche Form der Faschingssatire ermöglichen. Man weiß, daß Mozart dabei selbst die Rolle des Harlekin gespielt hat und nach der Aufführung wegen Verspottung seines Hauswirtes vor Gericht gestellt wurde.
In der Partitur kommen fünf Bühnenfiguren der C.d.a. vor:

Columbine	– die charmante lebenslustige Dienerin
Pantalone	– der zwischen Geiz und Geilheit schwankende Greis (vermutlich die Karikatur von Mozarts Hauswirt)
Dottore	– der Pseudogelehrte, der alles gelernt, aber nichts begriffen hat
Pierrot Harlekin	– die cleveren Dienerfiguren

Bei der Ouvertüre stellen sich die Figuren mit Masken in ihrer typischen Haltung dar. Pantalone, Dottore und Harlekin tragen traditionelle Charaktermasken, Pierrots Gesicht ist weiß geschminkt, Columbine trägt eine seidene Augenmaske. Im Anschluß an die Vorstellung der Figuren bleiben Columbine, Pantalone und Dottore auf der Bühne, die beiden Alten beginnen eifrig, die mit Hausarbeiten beschäftigte Dienerin zu umflirten. Nun erfolgt der Auftritt Pierrots, der in ungestümer Hektik mit den beiden Alten zusammenprallt, was zur Folge hat, daß diese übereinanderpurzeln. In der beschriebenen Inszenierung kommt es zu einer gewollt ungeschickten kontaktakrobatischen Szene zwischen den beiden, wobei sie versuchen, einander wieder auf die Beine zu stellen, was sich aber im Hinblick auf Kugelbauch und Rheuma als nicht so einfach erweist. Pierrot leistet ihnen dabei Hilfestellung, läßt sie jedoch im letzten Moment immer wieder zu Boden fallen. Einer Kiste, die jetzt von den dreien hineingetragen wird, kommt große Bedeutung für den weiteren Verlauf des Stückes zu. Pantalone vermutet – natürlich – Schätze in ihr, Dottore dagegen wertvolle Bücher. Pierrot schläft auf der Kiste ein. Der Kistendeckel wird von innen aufgedrückt, Pierrot fällt dabei herunter, schläft jedoch weiter. In der Kiste – wie vielleicht schon zu erwarten – hockt Harlekin, der jetzt herausspringt und die anderen Figuren durch spöttische Darstellungen karikatiert. Im weiteren Verlauf kommt es zu einem Flirt von Harlekin und Pierrot mit Columbine, die listig beide Nebenbuhler gegeneinander ausspielt und an der Nase herumführt, an deren Ende Harlekin scheintot zu Boden geht.

Die nächste Szene (die dem Darsteller des Harlekin große Körperbeherrschung abverlangt) zeigt einen Trauermarsch, bei dem Harlekin mit gestrecktem Rücken als Sarg hoch über den Köpfen der Zugteilnehmer getragen wird. Nach dem Ablegen auf die Erde springt der Scheintote zum Erstaunen der Umstehenden mit einer Bodenkippe in den Stand. Es kommt zur großen Versöhnung und dabei endlich zur Gelegenheit für die Alten, nach dem Inhalt der Kiste zu sehen, in der sie jedoch nur nutzloses Zeug finden. Zum Schluß werden die beiden Alten von den Dienern kopfüber in die Kiste geschubst, wo sie die letzten drei Minuten des Stücks im Kopfstand verbringen müssen. Columbine, Pierrot und Harlekin sind glücklich und fahren fort, miteinander zu flirten und zu tanzen. Columbine kann in dieser Szene, auf die Schultern ihrer beiden Partner gestützt, spritzige „Turnübungen" zum besten geben.

Zur Erläuterung: Dieser Rekonstruktionsversuch wurde im Januar 1989 von der Kölner Capella Colophonia mit den Studenten der Theaterschule Köln aufgeführt.

Bei einer solchen C.d.a.-Aufführung wie auch bei vielen anderen Lustspiel- und Cabaretvorstellungen ist die Möglichkeit gegeben, das für das Ende der Vorstellung eine Applausordnung geschaffen wird, innerhalb der die einzelnen Akteure allein oder zusammen mit Partner(n) mit einer kleinen akrobatischen Einlage auf der Bühne erscheinen und sich mit dieser spritzigen Pointe vom Publikum verabschieden. In allerhöchster Perfektion könnte dies so aussehen, daß sich das Ensemble nebeneinander aufstellt, verbeugt und aus dieser Verbeugung heraus synchron zu einem Rückwärtssalto ausholt und sich nach der sicheren Landung erneut verbeugt – Vorhang!

Für den Anfang kann man natürlich mit einfacheren Formen interessante Akzente setzen.

7.4 Die dramatische Etüde

Vorschlag für eine grobe Untergliederung der wichtigsten Theaterformen:

Theaterformen

- **Sprechtheater**
  - **Cabaret**
- **Musiktheater**
  - **Oper**
  - **Operette**
  - **Musical**
- **Bewegungstheater**
  - **Tanztheater**
  - **Pantomimentheater**

a) Sprechtheater. Die Vorteile einer verstärkten Einbeziehung von Elementen des Körpertheaters und der Akrobatik auch in das „gewöhnliche" Sprechtheater sehen wir in folgenden Punkten:

- Neben der verbalen Sprache macht sich der Darsteller auch einen Fundus anderer körperlicher Ausdrucksmöglichkeiten verfügbar, wodurch beim Zuschauer reichhaltigere Empfindungen geweckt werden und somit die Ausdruckskraft der Darstellung erhöht wird.
- Die akrobatische Ausbildung des Schauspielers erhöht die Bewegungssicherheit auf der Bühne, was sich speziell im Zusammenhang mit schwierigen Bühnenaufbauten (Treppen, Säulen, Podeste, Leitern, Gerüste ....) positiv auswirkt.
- Bewegungssicherheit erhöht auch das körperliche Selbstbewußtsein und somit die Bühnenausstrahlung des Schauspielers.
- Es gibt auch im Sprechtheater Sequenzen, in deren Verlauf den Schauspielern ein hohes Maß an akrobatischen Fähigkeiten abverlangt wird, wie dies insbesondere bei der Darstellung von Bühnenkämpfen, Fechtszenen, Sprüngen, Stürzen und Sterbeszenen der Fall (vgl. dazu Kap. : Falltechniken und Glaubwürdigkeit) ist.

Grundsätzlich ist zu beachten, daß die genannten Bewegungsabläufe so in den Stil des gesamten Stükkes integriert werden, daß sie nicht als Fremdkörper im Sinne einer optischen Einlage empfunden werden.

Die meisten Unfälle im Bühnenbereich lassen sich darauf zurückführen, daß Bewegungsaktionen (Sprünge usw.) unterschätzt werden und infolgedessen keine ausreichende körperliche Vorbereitung darauf stattfindet. Hinzu kommt, daß der Proben- und Aufführungssituation meist keinerlei körperliche Aufwärmphase vorangestellt wird.

Wenden wir uns nun in einigen Betrachtungen den Bereichen „Bühnenkampf" und „Bühnenfechten" zu. Das Einstudieren derartiger Szenen erfordert exakte Choreographie bzw. Mitwirkung einer fechtkundigen Leitung, außerdem akrobatisch geübte Darsteller. Wesentliche Merkmale in diesen Bereichen sind:

- Es dürfen keine echten Treffer gesetzt werden. So ist eine Partnerberührung mit der Fechtwaffe – im Gegensatz zum Sportfechten – das Ergebnis einer Ungeschicklichkeit, so wie auch blaue Flekken beim Faustkampf.
- Die Bewegungsführung muß schwungvoll und groß sein, damit die Illusion der Gefährlichkeit dem Publikum hautnah vermittelt wird (daher Hieb- statt Stoßfechten).
- Einhalten des erforderlichen Abstands zwischen den Partnern wie auch ständiger Augenkontakt zur Verständigung zwischen den Partnern.
- Kontrollierte Bewegungsführung ermöglicht ein

Anhalten an jeder beliebigen Stelle des Bewegungsablaufs. Durch den Schwung der Faust oder der Fechtwaffe darf sich die Bewegung nicht verselbständigen.

- Die Reaktion auf den (nicht echten) Treffer muß von dem passiven Partner schauspielerisch glaubwürdig und dramatisch dargestellt werden.
- Die Fußtechnik muß sicher beherrscht werden, damit die Aufmerksamkeit der Akteure für die übrigen Aktionen frei ist.
- Wirkungsvolle Darstellung erwächst nicht zuletzt auch aus der Mitverwendung des gesamten Bühnenaufbaus. So kann zum Beispiel ein (Fecht-Kampf) auf der Treppe oder auf Podesten geführt werden, wobei Sprünge über das Treppengeländer oder Sprünge vom bzw. auf das Podest mit einbezogen werden, ebenso Sprünge über die Waffe des Gegners hinweg oder unter ihr hindurch.
- Aus der Thematik „Kampf" ergibt sich zwangsläufig die Notwendigkeit zum Einstudieren der Falltechniken (siehe Kap. 6.1).

Wir möchten zum Schluß dieses Abschnitts hervorheben, daß aus dem Charakter der beschriebenen Szenen eine besondere Verantwortung für den/die Partner erwächst. Ein „Umkippen" der Rolle, also ein distanzloses Hineinfallen des Darstellers in die geweckten Emotionen, ist unbedingt zu vermeiden.

b) Tanz. Tanz ist immer eine Abstraktion der Handlung und der Gefühle, deshalb ist die Verwendung von akrobatischen Elementen im Tanztheater nahezu unbegrenzt möglich. Themen, die sich zur tänzerisch-akrobatischen Darstellung anbieten, sind: Liebe, Haß, Eifersucht... (in ähnlicher Weise wie bereits in Kap. 5.h dargestellt). Statische und dynamische Techniken mischen sich in der Darstellung. Anstelle einer Aufzählung von konkreten Möglichkeiten zur Einbeziehung akrobatischer Techniken in Tanztheaterstücke möchten wir auf die Abbildungen – besonders zu Maurice Bejart – verweisen.

Gerade in der neueren Zeit hat sich infolge des Ausdrucksvielfalt eine gewisse Begriffsverwirrung eingeschlichen. Mit Bezeichnungen wie „Pantomimentheater", „Körpertheater", „Bewegungstheater", „Mimodrama", „Action Theatre", „Body movement" usw. möchte man sich tendenziell von der klassischen Pantomime abgrenzen oder vorgeben, mit der neuen Bezeichnung zugleich auch eine neue Kunstrichtung kreiert zu haben.

So besteht z.B. der vor einiger Zeit „neu" eingebrachte und längst wieder in der Versenkung verschwundene Breakdance lediglich aus rhythmisierten pantomimischen und akrobatischen Elementen.

Der „wunderbare Mandarin", eine Pantomime von Bela Bartok in einem Akt, wird als Ballett aufgeführt. Diese beiden Beispiele sind zum Aufzeigen

der fließenden Grenzen im Tanz- und Pantomimenbereich angeführt.
Wenn heutzutage überhaupt noch eine Abgrenzung eindeutig möglich ist, möchten wir von unserem Verständnis her dem Leser folgende Anhaltspunkte geben: Wir schlagen eine Einteilung des „Bewegungstheaters" in „Tanztheater" und „Pantomimentheater" vor (vgl. dazu Kap. 7.4) mit folgenden Unterscheidungsmerkmalen:

Tanztheater	Pantomimentheater
lyrische, emotionsbezogene Inhalte stehen im Mittelpunkt	Pantomime ist episch, es werden zusammenhängende Geschichten nonverbal dargestellt
Tanztheater ist durch Musik determiniert. Die Tänzer richten sich nach ihr.	Die Musik – falls überhaupt vorhanden – dient der Unterstützung und Akzentuierung. Pantomime strebt nach dem Bruch mit der Harmonie. Der Rhythmus der Darstellung kommt aus dem Darsteller selbst.
Die Akteure des Tanztheaters streben durch Sprünge in die Luft.	Pantomime ist „bodenständig". Der ausdrucksvollen Haltung kommt hohe Bedeutung zu.

c) **Pantomimentheater.** Das Pantomimentheater ist – wie in der voranstehenden Tabelle dargestellt – episch, d.h. es erzählt Geschichten und bedient sich hierzu nonverbaler, körperlicher Ausdrucksmittel. Die dramaturgische Problematik im „visuellen Theater" liegt darin, daß der Zuschauer die verbale Sprache nicht vermissen darf, sondern daß zur Darstellung des Spielstoffs Szenen ausgewählt werden, die Sprache überflüssig machen. Dazu bedient sich das gute Pantomimentheater aller möglichen visuellen Mittel: der Pantomime, des Tanzes, der Akrobatik, des Maskenspiels, des Schattenspiels, ebenso des Schwarzen Theaters oder des Figurentheaters. Ein hervorragendes Zeugnis dafür gibt das Pantomimentheater Tomaszweski aus Wrozlaw/Polen.

Eine Anregung, akrobatisches Mimodrama auf die Bühne zu bringen, bietet das Bühnenstück „Duell in der Finsternis" von Marcel Marceau nach einem Motiv der Pekingoper: Ein erschöpfter Wanderer kehrt zur Übernachtung in einem Gasthaus ein. Der Wirt vermutet Geld bei ihm und überfällt ihn. Die einzige Lichtquelle, eine Kerze, erlischt bei dem Angriff. Von diesem Moment an vermitteln die Darsteller durch Suggestivkraft – selbstverständlich bei Bühnenbeleuchtung – Bewegungsabläufe in vollkommener Dunkelheit. Die Szene erfordert absolut genaue Choreographie, eine Rhythmisierung zwischen katzenartigem Schleichen, lauschendem

INTERKONCERT
BUDAPEST

Innehalten und akrobatischen Kampfhandlungen (vgl. Marceau, Pantomime, S. 74).

Ein beliebtes Beispiel für nonverbales Theater ist auch das Stück „Der Mantel" von Nicolai Gogol. Inhalt: Ein kleiner Beamter entschließt sich, unter Ausschöpfung all seiner finanziellen Möglichkeiten einen neuen Mantel zu erstehen, wobei er davon träumt, durch dieses neue Kleidungsstück einen gesellschaftlichen Aufstieg zu erreichen. Als der neue Mantel ihm schließlich gestohlen wird, verfällt der Beamte dem Wahnsinn. Nach seinem Tod jagt der rastlose Geist auf der Suche nach dem Mantel durch die Straßen von Petrograd.

d) Performance. Die Performance ist eine typische Kunstrichtung der sechziger Jahre, damals auch „Happening" genannt, ein alternatives Gesamtkunstwerk, meist in unmittelbar politischem und gesellschaftskritischem Zusammenhang. In der Performance werden Beiträge aus verschiedenen Kunstrichtungen miteinander zu einem neuen Ganzen verschmolzen wie Musik, Lesung, Kunstaktion, Theaterdarstellung, Tanz und auch Akrobatik (siehe Living Theatre). Zwar gibt es heutzutage noch Versuche einer Fortsetzung dieser Kunstgattung wie beispielsweise bei der Avantgarde-Vernissage, jedoch wirken die heutigen Darbietungen im Verhältnis zu den früheren wesentlich gezähmter. Eine fast karikaturhafte Erscheinungsform der Performance ist in neuerer Zeit der Videoclip geworden, der quasi als optisches „Gesamtkunstwerk" – in einer Mixtur aus Musik und akrobatischem Tanz (siehe Michael Jackson) – Werbezwecken im Musikbereich dient.

8. Trainingsaufbau

8.1 Allgemeiner Teil

Akrobatisches Training setzt eine besonders intensive Aufwärmphase voraus, noch mehr als dies bei einem Körpertraining für Schauspieler oder z.B. im Pantomimenunterricht der Fall ist. Beim Bühnentanz ist diese Aufwärmphase in das Training integriert – die Aufbaumethodik (Bodenexercise, Stangenexercise) schließt ein allmähliches Warmwerden der Muskeln vom Prinzip her mit ein, Sprünge und Drehungen erfolgen erst in angewärmtem Körperzustand. Akrobatische Übungen sind auf höchste Muskel- und Gelenkbeanspruchung zum Teil innerhalb von Sekundenbruchteilen angelegt und dürfen daher erst nach einer separaten Aufwärmphase in Angriff genommen werden.

Im Rahmen dieses Buches können wir natürlich keine sehr umfangreichen Zusammenstellungen von Aufwärmübungen geben, wir konzentrieren uns auf einige unserer Meinung nach grundlegende Übungen und bieten ergänzende Literaturhinweise dazu an (siehe Literaturverzeichnis). Als Empfehlung können wir aufgrund langjähriger Erfahrung interessierten Teilnehmern raten, zu diesem Zweck Angebote im „Afro-Dance" wahrzunehmen, die es in Kurs- oder Workshopform gibt. Denn die Bewegungen des Afrotanzes sind elementar und verhältnismäßig leicht zugänglich (auch für Männer, denen das Tanzen meist schwerer fällt als Frauen). Unter „grundlegend" verstehen wir, daß besonders die auch für Akrobatik wichtigen Körperbereiche Wirbelsäule und Becken durch einen ständigen Wechsel zwischen Kontraktion und Streckung geschmeidig werden. Dies geschieht begleitet von rhythmischer Musik (siehe Musikverzeichnis), so daß man in kurzer Zeit „drin" ist und eigentlich gar nicht die Empfindung hat, Aufwärmgymnastik zu betreiben. Nachdem unsere Muskeln durch solche Bewegungen warm geworden sind und wir bereits angefangen haben zu schwitzen, können wir nun mit Dehnübungen fortfahren, die dazu dienen, die Beweglichkeit unserer Gelenke, Bänder und Muskeln langsam zu steigern. Wir empfehlen, Dehnübungen zusammen mit Partner(n) zu machen, um ein Gefühl auch für deren Beweglichkeit und Grenzen aufzubauen, zumal die Körperberührung wichtig für das Schaffen einer gegenseitigen Vertrauensbasis ist. Nach einer Belastung ist jeweils die „Gegenübung" angezeigt, also die Belastung in entgegengesetzte Richtung.

Der dritte gymnastische Teil besteht aus Gleichgewichtsübungen, die uns helfen sollen, Körperbalance auch in außergewöhnlichen, nicht alltäglichen Haltungen herzustellen und zu bewahren. Ein wichtiger Hinweis zu diesem Übungsbereich: Ruhige, gleichmäßige Atmung fördert das Gleichgewichtsgefühl. Es ist also notwendig, auch im Zustand hoher Muskelanspannung eine gleichmäßige, unverkrampfte Atmung zu entwickeln, was durch innere Konzentration und unterstützende sanfte Musik erleichtert wird. Eine unverzichtbare Hilfe bei schwierigen Balanceübungen ist das Fixieren eines festen Raumpunktes mit den Augen. (Beispiel: Es ist nahezu unmöglich, mit geschlossenen Augen auf den Zehenspitzen eines Beines die Balance zu halten.)

Innerhalb der gymnastischen Übungsreihe werden alle Muskeln und Gelenke „vom Scheitel bis zur Sohle" aufgewärmt. Bevor mit dem akrobatischen Training begonnen wird, sollte zuvor – speziell bei Anfängern – der Muskelbau überprüft und dieser gegebenenfalls mit einem entsprechenden Muskelaufbautraining gekräftigt werden. Anhaltspunkt: Wer eine Flugrolle oder Übungen ähnlichen Schwierigkeitsgrades bewerkstelligen möchte, sollte in der Lage sein, zumindest fünf einwandfrei ausgeführte Liegestütze hintereinander zu absolvieren.

8.2 Gymnastikübungen

Drei mal drei Aufwärmübungen, die wir – gewissermaßen als gymnastisches Fundament – „auf eine einsame Insel mitnehmen würden":

Kontraktionsübungen	Dehnübungen	Gleichgewichtsübungen
Körperpeitsche	Wellenübung	„Releves"-Acht
Becken-Oberkörper-Kontraktion	Partnerübung „Rückenschub"	Wolkengang
Kontraktionssprung	„Heuschrecke schütteln"	Afropirouette

Kontraktionsübungen

Körperpeitsche. Ausgangspunkt: stehend, kleine Grätsche. Mit Hohlkreuz in die Hockestellung senken, die Fersen heben sich dabei nicht vom Boden. Von der Hüfte her bis zur Beinstreckung hochkommen, Wirbel für Wirbel den Oberkörper aufrichten (Erweiterungen: a) die Übung mit einem Sprung durchführen b) die Übung abwechselnd nach vorn rechts und vorn links durchführen).

Becken-Oberkörper-Kontraktion. Leicht gegrätschter Stand mit angewinkelten Knien; durch einen Impuls vom Oberkörper her wird ein Hohlkreuz gebildet, gleichzeitig klappt dabei die Hüfte nach hinten. In rhythmischem Wechsel erfolgt der Übergang zur zweiten Position, bei welcher der Oberkörper mit dem Becken einen „Katzenbuckel" bildet.

Tänzerische Variationen sind durch Änderungen der Arm- und Beinbewegungen möglich.

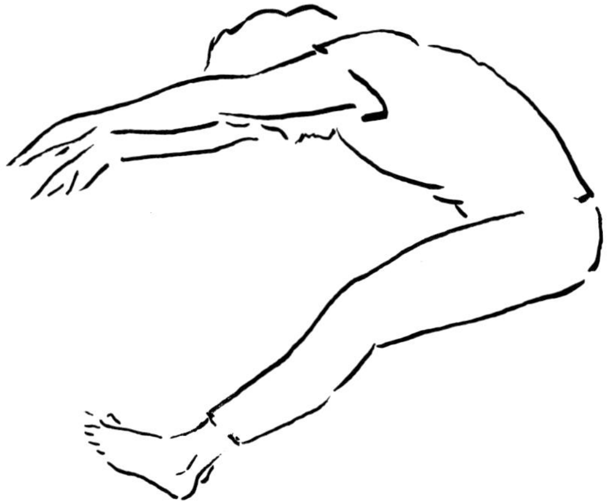

Kontraktionssprung. Hohlkreuzstellung gegrätscht mit angewinkelten Knien, hochspringen, eine schnelle Kontraktion in der Luft durchführen, wieder in Hohlkreuzstellung landen.

Eine entsprechende Übung ist auch aus der Bodenlage möglich (allerdings mit höherem Kraftaufwand): Aus der Liegestützhaltung (mit Hohlkreuz) schnellt das Becken in die Luft, der Körper löst sich kurz vom Boden und fällt in die Ausgangsposition zurück.

Dehnübungen

Wellenübung. Grätschstellung mit gestreckten Beinen. Der Kopf führt den Oberkörper nach unten, bis die Hände die Zehen berühren, und dann wieder zurück nach oben bis zur Biegung der Wirbelsäule nach hinten. Durch eine Vorwärtsbewegung zunächst des Kopfes und nachfolgend des Oberkörpers wird die Ausgangsposition wieder erreicht.

Partnerübung „Rückenschub". Beide Partner sitzen Rücken an Rücken auf dem Boden. A sitzt in breiter Grätsche, B mit geschlossenen Beinen. B schiebt sich durch Körperstreckung auf den Rücken von A. Wechsel.

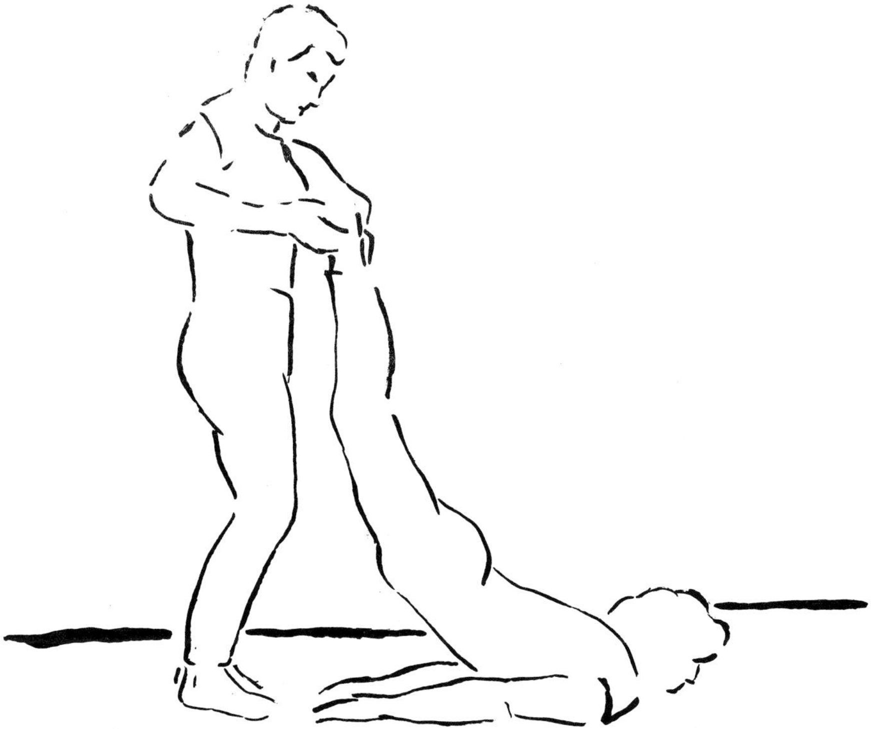

„Heuschrecke schütteln". A legt sich auf den Bauch, die Handflächen der ausgestreckten Arme liegen unter den Oberschenkeln. Durch Körperspannung werden die Beine hochgebogen. B umfaßt nun die Fußgelenke von A und zieht diesen so weit hoch, daß nur dessen Schultern und der obere Teil des Brustkorbs Bodenkontakt behalten (nur senkrecht anheben, nicht nach vorn biegen!). Nach der Übung als Gegenübung einen Katzenbuckel machen!

Gleichgewichtsübungen

„Releves-Acht". Aufrechter Stand, Beine geschlossen, Arme ausgestreckt. Ein Bein wird so angewinkelt, daß der Fuß mit der Außenseite das andere Schienbein berührt. Der Blick ist dabei auf einen festen Raumpunkt gerichtet, der Atem wird möglichst gleichmäßig geführt. Vorsichtig das Gewicht auf die Zehenspitzen des gestreckten Standbeines verlagern. Das andere Knie zeichnet nun – sanft schwingend – liegende „Achten" in die Luft. Gleichgewicht halten!

Wolkengang. Ein Gang, der federnde Schwerelosigkeit imitiert. Jeder Schritt wird, durch einen Impuls vom Brustkorb her eingeleitet, auf die Zehenspitzen eines Fußes geführt und ebenso langsam wieder abgesenkt. Beinwechsel. Der gesamte Körper arbeitet mit.

Afro-Pirouette. Tiefer Sitz (siehe Zeichnung!). Das Körpergewicht wird auf den rechten Fuß verlagert. Es folgt eine Linksdrehung auf den Zehenspitzen des rechten Fußes. Die Drehung endet in der Spiegelstellung, also mit dem linken Bein vorn, was der Ausgangsposition für die Rechtsdrehung entspricht.

8.3 Vorschlag für den Aufbau einer zehn Doppelstunden (Zeitstunden) umfassenden Übungsreihe

Der Umfang von je zwei Zeitstunden je Übungseinheit ergibt sich als günstige Einteilung für bühnenakrobatisches Training, da einerseits nach der nötigen Aufwärmphase und dem technischen Teil genügend Zeit für die Improvisation verbleibt, andererseits normal trainierte Teilnehmer nach ca. zwei Stunden konzentrierter Körperarbeit auf Müdigkeitsgrenzen stoßen.

Weiterhin ist zu berücksichtigen, daß in jeder Übungseinheit intensive Wiederholungen vorangegangener Elemente notwendig sind. Durch diese Notwendigkeit ständiger Wiederholung und Übung entsprechen die hier als „Konzentrat" dargestellten zehn Einheiten einem Übungszeitraum von etwa einem halben Jahr, wenn man eine Doppelstunde je Woche zugrunde legt.

Als Faustregel schlagen wir folgende Aufteilung einer Doppelstunde vor:

20 bis 30 Minuten Aufwärmen
10 Minuten Wiederholung
30 Minuten neue Techniken
50 bis 60 Minuten Improvisation/Szenenarbeit

Den Abschluß einer Übungseinheit bildet jeweils eine ca. fünfminütige Entspannungsübung auf dem Boden.

Jeder Doppelstunde ist ein Schwerpunktthema zugeordnet, das dem Inhalt der neu vermittelten Techniken entspricht. Dabei ist jedoch berücksichtigt, daß wegen der gebotenen Variation auch andere Themen in die Stunde einfließen.

I. Einheit

- Aufwärmen (dieser Punkt wird, wie auch die Phase der Wiederholung, in der Kurzbeschreibung der folgenden Einheiten nicht mehr erwähnt)
- Isolationsübungen (gezielte An-/Entspannung einzelner Körperteile bzw. Körperbereiche)
- Bodenübungen (Vertrautmachen mit dem Erdboden)
  * aus verschiedenen Positionen mit Höchstkraft gegen den Boden drücken
  * Fallübungen
  * Rollübungen (vorwährts und rückwärts) in Zeitlupe und in Einzelbilder zerlegt
- Kopfstand/Yogakopfstand
- Tragen des in angespannter Körperhaltung befindlichen Partners
- Improvisation: Schaufensterpuppen und umräumender Dekorateur

II. Einheit (Schwerpunkt: Gleichgewichtstechniken mittleren Schwierigkeitsgrades)
- Schulterstand
- Unterarmstand
- Knien auf den Oberarmen
- Partnerübung „Schaukel"
- Flugrolle
- Improvisation: Die Elemente (I) – Die Erde (Schwerkraft darstellen, Schwere der Bewegungen, Bodenständigkeit, Gruppieren und Umgruppieren von Formen, tragen ....)

III. Einheit (Schwerpunkt: Handstandtechniken)
- Handstand
- Handstandrolle
- Handstandabrollen
- Kern und Schale
- Flieger
- Improvisation: Die Elemente (II) – Die Luft Pflanzendarstellung

IV. Einheit (Schwerpunkt: Partnertechniken)
- Ikarische Spiele
- Schulterstand auf den Händen des Partners
- Doppelrolle
- Doppelrolle seitlich
- Bocksprung auf den aufrecht stehenden Partner
- Improvisation: Chaplineske – Gang, Gesten, Bewegungen auf Slapstickmusik rhythmisieren

V. Einheit (Schwerpunkt: Tragetechniken)
- Handstandgehen
- Sprungfeder
- Rückenträger
- Gallionsfigur
- Improvisation: Alptraum
  Magnetismus
  Szenen mit Masken

VI. Einheit (Schwerpunkt: Clownstechniken)
- Rückenkippe
- Kopfstandüberschlag
- Handstandüberschlag
- Zirkulation
- Clownrolle
- Dreierrolle
- Improvisation: Leibesübungen anno 1900

VII. Einheit (Schwerpunkt: Techniken für Commedia dell'arte)
- „Kosakenkreisel"
- vom Handstand den Partner auf die Beine stellen
- Stützrolle
- Rückwärtsdreher
- Improvisation: Commedia dell'arte mit Masken

VIII. Einheit (Schwerpunkt: Pyramidentechniken)
- auf den Schultern eines Partners stehen
- Pyramidenvariationen
- Kreispyramide
- Improvisation: Mechanismen, Maschinen

IX. Einheit (Schwerpunkt: Dynamische Techniken von höherem Schwierigkeitsgrad)
- flic-flac
- ggf. Salto
- Improvisation: Unterwasserwelt
  Die Elemente (III) – Das Feuer
  Die Elemente (IV) – Das Wasser

X. Einheit (Schwerpunkt: Komplexe Wiederholung und Übung)
- Wiederholung der bisherigen Techniken
- Improvisation/Szenenarbeit: Eine der gelungenen Improvisationen aus den ersten neuen Einheiten wird mit der Gruppe (ggf. bis zur Bühnenreife) ausgearbeitet.

Dieser schematisch dargestellte Ablauf ist als möglicher Vorschlag zu sehen. Der Aufbau orientiert sich an einer Steigerung des Schwierigkeitsgrades (nach unserer Einschätzung) und an dem im Hinblick auf den zeitlichen Rahmen zu bewältigenden „Stoff". Günstig wäre eine Erweiterung dieses Rahmens auf ein halbes Jahr, wobei sich das Schwergewicht im Laufe der Zeit immer mehr zu Szenenarbeit und Improvisation verschiebt.

9. Akrobatik – Vorschläge und Tips aus medizinischer Sicht – ein Aufsatz von Günter Möller

„Akrobatik" als Wort hört sich schon etwas halsbrecherisch an. Wir stellen uns eine Sensationsnummer im Zirkus vor, bei der die Künstler todesmutig Spitzenleistungen darbieten. Uns ist natürlich klar, daß Zirkusartisten auch überleben wollen. Deshalb bewundern wir die spielerische Leichtigkeit bei einer Leistung, die einen Ungeübten wahrscheinlich die Gesundheit oder sogar das Leben kosten würde. Wir müssen erkennen, welche Körperbeherrschung, Konzentration und vor allem wieviel harte Arbeit dem Künstler abverlangt werden.

Doch es gibt auch die etwas „leisere" Akrobatik, die nur voraussetzt, was auch der durchschnittlich Begabte zu erlangen in der Lage ist. Diese Voraussetzungen sind: Freude an Bewegung, gesunde Selbsteinschätzung und etwas Übung. Dazu kommt verantwortungsvolle Hilfestellung und eine Raumbeschaffenheit, die Verletzungsgefahren weitestgehend ausschließt. Vor dem konkreten Üben gilt es jedoch, einige medizinisch vorbeugende Grundregeln zu beachten.

Unerläßlich ist ein ausgewogenes Aufwärmtraining, ein Muskeldehnungsprogramm, neudeutsch „Stretching" genannt. Das Aufwärmen sollte mindestens 30 Minuten dauern. Es muß den gesamten Bewegungsapparat einbinden und Atmung und Kreislauf so beanspruchen, daß unser ganzer Körper angenehm warm und unser Sauerstoffbedarf deutlich erhöht ist. Die vermehrte sauerstoffreiche Durchblutung steigert unsere Geschicklichkeit, Elastizität und Konzentrationsfähigkeit. Gerade wenn bei bestimmten Übungen der Kraftaufwand wegen mangelnder Technik noch zu hoch ist, schützen wir uns so vor Zerrungen und Muskelfaserverletzungen. Dazu trägt ebenso das Stretching bei. Es sollte ebenso in groben Zügen die gesamte Skelettmuskulatur erfassen und besonders verspannter Muskulatur wie im Bereich des Schultergürtels, des Rückens und der Rückseite der Beine Rechnung tragen. Bei aufgewärmter Muskulatur melden uns besondere Schmerzrezeptoren, auf Dehnung erregbare Zellen in Muskeln und Gelenkkapseln, früh genug, wann wir die Grenze erreicht haben. Muskeln und Gelenke sollten mehrere Male, bei frei fließender Atmung, über ca. 30 Sekunden zum maximalen Bewegungsausmaß gebracht werden. Übertriebener Ehrgeiz und Preßatmung schaden hier. Eher bringen uns regelmäßiges Üben und ein paar

Wochen Geduld zur gewünschten Geschmeidigkeit, denn unser Körper besitzt in natürlichen Grenzen eine wunderbare Anpassungsfähigkeit. Durch wiederholtes Training gekräftigte Muskulatur schützt unsere Gelenke vor Überlastung und Degeneration. Und was oftmals unbekannt ist, sogar die Knochen befinden sich in einem ständigen Auf-, Ab- und Umbau, so daß sie sehr wohl anpassungsfähig gegenüber geänderten Belastungen sind.

Die nötige Konzentration vor den Übungen ist eher ein mentales Problem. Angst, soweit sie nicht durch vorbereitende Übungen abgebaut werden kann oder instinktiv durch ungenügende körperliche Vorbereitung bedingt ist, stört die Konzentration natürlich erheblich, und wir sollten in solchen Augenblicken lieber auf die jeweilige Übung verzichten.

Bei der Bemessung der Leistungsansprüche muß berücksichtigt werden, daß die eigene Verfassung (Alter, gesundheitlicher Zustand, Trainingsgrad) eine für sich selbst verantwortungsvolle Basis bildet. Gerade heute leiden viele Menschen an Rückenproblemen oder seltener einem echten Bandscheibenschaden. Diese Knorpelscheiben haben die Fähigkeit, über Nacht – also bei Entlastung – das durch die tägliche Beanspruchung herausgepreßte Wasser wieder aufzunehmen. Damit erfüllen sie eine wichtige Pufferfunktion zwischen den Wirbelkörpern unseres Rückgrats. Starke einseitige Belastun-

gen wie z.B. häufiges Sitzen oder Bewegungsmangel führen dann zur Verkürzung bestimmter Muskelgruppen und auf Dauer zu Degenerationserscheinungen.

Natürlich spielt das Alter eine nicht unerhebliche Rolle. In dem Maße, in dem unsere Beweglichkeit, Kraft und Ausdauer nachläßt, müssen wir uns auf einfachere Übungen beschränken, die deshalb nicht weniger bewunderungswürdig wirken und sind. Aus eigenen Erfahrungen als Kursteilnehmer kenne ich Beispiele dafür, daß selbst ungeübte Vierzigjährige nach konstantem Training z.B. einen Handstandüberschlag effektvoll auf die Bühne bringen.

Dieses Buch soll nicht dazu verleiten, nach Lektüre sofort allein im Keller einen Salto auszuprobieren.

Wenn alle Vorsichtsmaßregeln erfüllt sind, können wir beginnen.

Es bleibt dann nur noch ein erfolgreiches Training zu wünschen und zu hoffen, daß die Hilfestellung immer „auf dem Posten“ ist.

10. Epilog

Zum Abschied möchten wir dem Leser einen Inszenierungsvorschlag für eine engagierte Theatergruppe nahebringen: Zirkustheater (in Anlehnung an die Erzählung „Der Zirkus" des ungarischen Autors Frigyes Karinthy in „Bitte, Herr Professor" – Satiren und Erzählungen). Diese Novelle handelt von einem Jungen, der zwei Lebenswünsche träumt: auf der Violine ein selbst komponiertes Stück zu spielen und im Zirkus auftreten zu dürfen. Der erste Wunsch geht in Erfüllung. Er bekommt eine Violine und komponiert ein Lied, das er in der Manege vortragen möchte. Der zweite Wunsch bleibt ihm zunächst versagt, der Zirkusdirektor führt ihn jedoch hinter die Zirkuskulissen und macht ihn mit allen Höhen und Qualen des Zirkusdaseins vertraut. Der Junge durchlebt dabei die ganze Skala menschlicher Gefühle.

Die freie Interpretation für eine Inszenierung besteht möglicherweise darin, daß er zunächst jahrelang alle „niederen" Arbeiten durchführt, die für das Ideal „Kunst" notwendig, obgleich für den Zuschauer nicht sichtbar sind.

„Und es kamen noch lange, lange Zeiten. Zuletzt dann stand ich endlich auf der Bühne – mein Gesicht war aber da schon schmal, von Runzeln durchzogen und bemalt wie das der Artisten, die ich zuerst gesehen hatte." (Karinthy, Zirkus, S. 332)

„Alle meine Muskeln spannten sich wie ein Pfeilbogen, alle bebten. Ich wartete, bis das Schwingen des Aufbaus den toten Punkt erreichte, und dann, inmitten der tödlichen Stille, richtete ich mich auf, knöpfte mein Trikot auf und zog meine Geige heraus. Mit zitternden Händen legte ich den Bogen an... jetzt ließ ich, mit einem Fuß tastend, die Stange langsam los – ich beugte mich vor... ich balancierte einige Minuten ... und dann benutzte ich die Stille des Schreckens, der unten jeden Mund aufriß und die Herzen anhielt... und ich begann, langsam und zitternd die Melodie zu spielen, die ich einmal vor langer, langer, langer Zeit hatte in meinem Herzen klingen und schluchzen hören." (Karinthy, Zirkus, S. 333 f)

VORHANG

11. Musikliste

11.1 Zum Aufwärmen und für die Gymnastik

Art of Noise: In no Sense? Nonsense – Chyrsalis Records 1987
(elektronische Klangcollage)

Art of Noise: Who's Afraid of ..., Island Records 1984
(elektronische Klangcollage)

Mory Kante: Akwaba Beach, Barclay Records 1987
(Afro-Pop)

Hugh Masakela: Techno–Bush, Jive Afrika/Teldec/1984
(elektronischer Afro–Pop)

Daniel Ponce: Arawe, Island Records 1988
(Salsa, afro–kubanisch)

Run DMC: Raising Hell, Metronome Records 1986
(Hard Rap)

Salsa Picante: A Bailar la Salsa, „pläne" Verlag 1984
(Salsa, Dschungelmusik)

Sly and Robbie: Language Barrier, Island Records 1985
(Break Power)

Zaka Percussion: „Space", La Chant du Monde Records 1982
(Afro–Percussion)

11.2 Für Stretching, sanfte Gymnastik und Kontaktübungen

Larry Carlton: Alone/But Never Alone, MCA Records 1986
(melodische Gitarre, sanft)

Brian Eno: Music for Films, ICM Records EG Editions 1978
(Klanggemälde für Zeitlupe)

Brian Eno, Moebius, Roedilius: After the Heat, Sky Records 1978
(Klanggemälde, z.T. monotone Rhythmik)

Dream Code: Style goes beyond Time, A Digit Music Company 1987
(New Age Sampler, auch für Element „Luft")

Mark Isham: Film Music, A & M Records, Inc./Polydor 1985
(sanfte Melodiebögen, lange Stücke)

Siegfried Schwab: Meditation Vol. 2, Melosmusik 1986
(Stretching)

Tangerine Dream: Optical Race, BMG Ariola 1988
(elektronische Musik, meist sanft)

11.3 Slapstick- und Zirkusmusik

Circus, Gold Records
(Zirkusmusik mit Interviews)

Hamburger Stadtmusikatzen: Perlen der Salonmusik, Outsider Schallplatten 1985
(Salonmusik, Stücke aus den 20er und 30er Jahren)

Scott Joplin: Soundtrack, MCA 1977
(Ragtime, mit verschiedenen Arrangements, gut für Stummfilmszenen, Zeitraffertechnik)

Laurel and Hard'ys Music Box, L & H Records 1986
(Dick und Doof – Filmmusik)

Musik aus Charlie Chaplin Filmen
(gespielt von Michel Villard und seinem Orchester), Vogue/Bellaphon 1973
(Filmtitel, meist melancholisch)

Jean Laporte et Son Orchestre, Music de Cirque, Distribution Musidisc Europe 1982
(traditionelle Zirkusmusik)

Roncalli Orchester: Circus Musik, Heart Beat Records 1986
(nach unserer Einschätzung eine hervorragende Zirkusplatte)

La Ronde de Chevaux de Bois Vogue, Plasir Double 1976
(bombastische Spieldosenmusik)

Slapstick Salad (Bob Stanway und His Dixie Fingers), Deutsche Austrophon GmbH
(universal einsetzbar für alle Bereiche, eine wichtige Aufnahme)

Das Stummfilm–Piano (von Albert Lévy), Gold Records 1988
(konkrete Stummfilmthemen)

Das Rialto Zirkus–Orachester: Zauber der Manege, Elite Spezial
(Zirkusmusik)

11.4 für Szenenarbeit und Inszenierungen

Jan Garbarek, Bobo Stenson Quartet: Dansere, ECM Records 1975
(impulsreich, aber nicht hart, besonders für Kontaktszenen)

Jean–Michel Jarre: Zoolook, Polydor 1984
(surreale Partnerszenen, Traumsequenzen, Magnetismen)

Györgi Ligeti: Aventures und Nouvelles Aventures, Candide Vox 1973
(abstrakte Klanggemälde für 3 Stimmen und 7 Instrumente, für erotische Tanzakrobatik)

Ennio Morricone: Film–Music 1966 – 1987, Virgin Records 1987
(breite Skala von Sentimentalität bis Action)

Wolfgang Amadeus Mozart: Pantalon und Colombine, Musik zu einer Faschingspantomime, Jecklin, Schweiz KV 446 (416 d)
(Untermalung für Commedia d.a.)

Peru: Continents, CNR Records 1983
(Musik für Element „Erde", ggf. Pflanzen- und Tierdarstellung)

Nino Rota: Il Casanova di Frederico Fellini, Soundtrack, CAM Records 1977
(mechanische Puppen)

SPK: Oceania, Normal Records 1987
(rhythmische Ethnoklänge für Riten und mystische Szenen)

Igor Stravinsky: Le Sacre de Printemps, Leonhard Bernstein, Deutsche Grammophon 1983
(Dynamik, dramatisch)

Tangerine Dream: Le Parc, Jive Electro–Teldec 1985
(„Zen Garden" auf diese Platte ideal für Element „Wasser")

Tangerine Dream: Sorcerer, Soundtrack, MCA Records 1977
(dramatische Monotonie)

Uhrwerk Orange: Soundtrack, WEA 1972
(Darstellung verschiedener Atmosphären)

Vangelis: Heaven and Hell, RCA 1981
(dramatisch bis sentimental, Musik der Gegensätze, Element „Feuer")

Thomas Wilbrandt: The Electric V, Mercury 1984
(Vivaldis „Vier Jahreszeiten" mit phantasievollen elektronischen Effekten)

Stomu Yamashta: Red Buddha of Red Theatre Fame, Vanguard 1973
(experimentelle Klänge auf japan. traditionellen Instrumenten, Untermalung für „Duell in der Finsternis")

Rudolf von Laban in der Berliner Labar-Schule (ca. 1927)

12. Literatur

12.1 Theater – Theorie und Geschichte

Constantin von Barloewen: Clown – Zur Phänomenologie des Stolperns – Ullstein Sachbuch, Berlin 1984

Michael Bührer: Mummenschanz, Panorama Verlag, München 1984

Gerhard Ebert und Rudolf Penka (Hrsg.): Schauspielen – Handbuch der Schauspielerausbildung, Henschelverlag Kunst und Gesellschaft, Berlin 1985

David Esrig: Commedia dell'arte – Eine Bildgeschichte der Kunst des Spektakels, Greno Verlag, Nördlingen 1985

Andrzej Hausbrandt: Das Pantomimentheater Tomaszewskis, Verlag Interpress, Warschau 1975

Janina Hera: Der verzauberte Palast – Aus der Geschichte der Pantomime, Henschelverlag Kunst und Gesellschaft, Berlin 1981

Marcel Marceau: Die Weltkunst der Pantomime, Verlag der Arche, Zürich

Carlo Silvestro: The Living Book, Verlag Dumont, Köln 1971

Karl Günter Simon: Pantomime – Ursprung, Wesen, Möglichkeiten, Nymphenburger Verlag, München 1960

12.2 Akrobatische Körpertechnik

Michael Batz, Horst Schroth: Theater zwischen Tür und Angel – Handbuch für Freies Theater (Kapitel „Akrobatik"), RORORO Sachbuch, Rowohlt Taschenbuch Verlag GmbH, Hamburg 1983

Horst Beeck: Akrobatik und Artistik in:
Gerhard Ebert und Rudolf Penka: Schauspielen – Handbuch der Schauspieler–Ausbildung, Henschelverlag Kunst und Gesellschaft, Berlin 1985, Seite 233 bis 245

Hans Diem: Bodenturnen, Wilhelm Limpert–Verlag, Frankfurt/Main 1953

Hiltrud Lodes: Ausgleichs- und Entspannungsgymnastik (Ein Trainingsprogramm mit Einzel-, Partner- und Gruppenübungen), Wilhelm Goldmann Verlag, München

M. L. Ukran: Technik der Turnübungen, Sportverlag, Berlin 1970

12.3 Körpertechniken zu Nachbargebieten der Akrobatik

Anke Gerber, Clement de Wroblewski: Anatomie der Pantomime, Rasch und Röhrig Verlag, Hamburg/Zürich 1985

Eisi Gulp: Break Dance, Steinheim Verlag GmbH, München

Barbara Haselbach: Improvisation Tanz Bewegung, Ernst Klett Verlag, Stuttgart 1979

Gertrude Krombholz, Peter Haag: Richtig Rock n'Roll tanzen, BLV Verlagsgesellschaft, München, Bern, Wien 1979

Anneliese Schmolke: Das Bewegungstheater – Hilfen und Anregungen, Möseler Verlag, Wolfenbüttel 1976

Jean Soubeyran: Die wortlose Sprache, Erhard Friedrich Verlag, Hannover 1963

Fred Traguth: Modern Jazz Dance, Verlag Dance Motion Press, 2. Aufl., Bonn 1985

Hans–Jürgen Zwiefka: Pantomime Ausdruck Bewegung, ed. Aragon, Moers 1987

12.4 Gymnastik und Aufwärmübungen

Bob Anderson: Stretching, Heyne Verlag, 1987

Eva Ruchpaul: Hatha–Yoga – Kenntnis und Technik, Erich Hoffmann Verlag, Heidenheim 1969

Karin Schabert: Jazzgymnastik zum mitmachen, BLV Verlagsges.mbH, München 1973

12.5 Themen und Spielvorlagen

Nikolai Gogol: Der Mantel, Gustav Kiepenhauer Verlag, Leipzig und Weimar 1978

Frigyes Karinthy: Der Zirkus in: Bitte, Herr Professor – Satiren und Erzählungen, Übersetzung aus dem Ungarischen: Andreas Oplatka, Manesse Verlag, Zürich 1983

Werner Müller: Körpertheater und Commedia dell'arte – Eine Einführung für Schauspieler, Laienspieler, Laienspieler und Jugendgruppen, Pfeiffer Verlag, München 1984

Tristan Rémy
Clownnummern
Kiepenheuer & Vitsch, Köln 1982

Renate Zimmer: Spielideen im Jazztanz – Pädagogische Aspekte und praktische Anregungen, Verlag Hofmann, Schorndorf 1984

Hans–Jürgen Zwiefka: Slapstick Pantomime Maskenspiel, ed. Aragon, Moers 1988

Die Autoren:

Géza Melczer-Lukács

- geb. 1952 in Szeged/Ungarn
- 1973 bis 79 Staats- und rechtswissenschaftliches Studium mit Promotion in Budapest
- 1977 bis 80 Studium an der Theaterschule „Domino" unter der Leitung von Miklós Köllö in Budapest

(Schwerpunkte: Schauspiel, klassisches Ballett, Jazztanz, Akrobatik, Choreographie, Pantomime)

- 1980 bis 83 Mitbegründung des „Domino Mime and Dance Ensemble", Tourneen durch die Niederlande, BRD und Frankreich
  Mitarbeit in ca. 50 Film- und Fernsehproduktionen als Schauspieler und Pantomime
- seit 1983 in Bonn lebend, Dozent für Pantomime am Ballettstudio der Universität Bonn, außerdem für Bühnenbewegung, Commedia dell'arte, Akrobatik, Pantomime und Clownerie an der Theaterschule Köln
- Begründer und Leiter der „Odoroka Mime and Dance Company", Bonn
  freier Journalist beim Ballett-Journal

Hans-Jürgen Zwiefka

- geb. 1951 in Duisburg
- 1971 bis 74 Studium an der Pädagogischen Hochschule Bonn
- Lehrer an Grund- und Hauptschulen
- 1972 Beginn der Bühnenaktivitäten mit den Schwerpunkten Pantomime, Menschenschattenspiel, Figurentheater, Kontaktimprovisation
  Unterricht u.a. bei Yves Lebreton, Werner Müller (Pan), Yass Hakoshima, Georgo Peugot
- 1982 Gründung des Pantomimenduos „Mimobil"
- seit 1984 Soloaufführungen (Pantomime, Slapstick, Clownerie) im In- und Ausland
- Dozent für Pantomime und Slapstick an Volkshochschulen und im Bereich der Lehrerfortbildung, Durchführung eines Austauschs mit Teilnehmern aus Bonn und Bergen/Norwegen
- Inszenierungen: „Ghiga" (Commedia dell'arte), „Oliver" (Mimodrama), „Titanic – ein Sinkspiel" (Bewegungscollage)
- Veröffentlichung der Bücher „Pantomime Ausdruck Bewegung" und „Slapstick Pantomime Maskenspiel" bei Edition Aragon/Moers

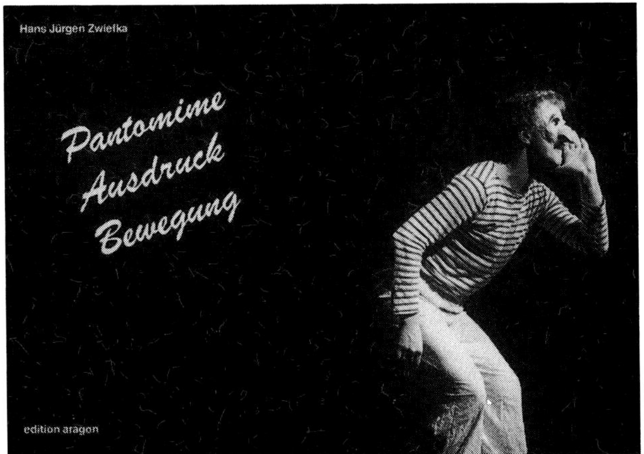

Hans-Jürgen Zwiefka
Pantomime — Ausdruck — Bewegung
104 Seiten, Paperback, mit 100 Abbildungen,
DM 16,80
ISBN 3-924690-16-2

Aus dem Inhalt:

Einstiegsformen — Die pantomimische Gymnastik — Übungen zur Sinnesschärfung und Sensibilisierung — Die klassischen Pantomimetechniken — Typisieren, abstrahieren, stilisieren — Bewegungstechnik und Bewegungsimprovisation — Vorüberlegungen — Durchführung — Spiel- und Aufführungsthemen u. a.

Jonglieren — Spiel mit der Schwerkraft
104 Seiten, Paperback, mit 99 Abbildungen,
DM 16,80
ISBN 3-924690-11-1

Aus dem Inhalt:

Geschichte des Jonglierens — Der Jongleur zu Pferde — Die Kraftjongleure — Gentlemen — Comedy — Restaurantjongleure — Ein-Ball-Übungen — Zwei-Ball-Übungen — Drei-Ball-Übungen — Überflieger — X-Trick — Dopser — Zieher — Wurftricks und Fangtricks — Kombinationen — Partnerübungen — Die europäische Jonglierszene, Materialien — Adressen